大方廣佛華嚴經

일러두기

1. 『대방광불화엄경 강설』 원문原文의 저본底本은 근세에 교정이 가장 잘 되었다고 정평이 나 있는 대만臺灣의 불타교육기금회佛陀教育基金會에서 출판한 『화엄경소초華嚴經疏鈔』본입니다.

2. 『대방광불화엄경 강설』은 실차난타實叉難陀가 695년부터 699년까지 4년에 걸쳐 번역해 낸 80권본卷本 『대방광불화엄경』을 우리말로 옮기고 강설을 붙인 것입니다.

3. 『대방광불화엄경』은 애초 산스크리트에서 한역漢譯된 경전이지만 현재 산스크리트본은 소실된 상태입니다. 산스크리트를 음차한 경우 군이 원래 소리를 표기하려고 하기보다는 『표준국어대사전』이나 『불교사전』 등에 등재된 한자음을 사용하는 것을 원칙으로 하였습니다.

4. 경문의 한글 번역은 동국역경원본을 참고하여 그대로 또는 첨삭을 하며 의미대로 번역하고 다듬었습니다.

5. 각 품마다 내용에 따라 단락을 나누고 제목을 달았습니다. 단락의 제목은 주로 청량清凉스님의 견해에 기초하였고 이통현李通玄장자의 견해를 참고로 하였습니다.

6. 『대방광불화엄경 강설』의 발행 순서는 한역 경전의 편재 순서를 기준으로 하였고 각 권은 단행본 한 권씩으로 출간될 예정이며 모두 80권으로 완간됩니다. 다만 80권본에 빠져 있는 「보현행원품」은 80권본 완역 및 강설 후 시리즈에 포함돼 추가될 예정입니다.

7. 『대방광불화엄경 강설』 안에서 불교용어를 풀이한 것은 운허스님이 저술하고 동국역경원에서 편찬한 『불교사전』을 인용하였습니다.

8. 각주의 청량스님의 소疏는 대만에서 입력한 大方廣佛華嚴經 사이트의 것을 사용하였습니다.

9. 『대방광불화엄경 강설』 입법계품에 들어가는 문수지남도는 북송北宋시대 불국佛國선사가 선재동자가 53명의 선지식을 친견하여 법을 구하는 장면을 하나하나 그림으로 그린 것입니다.

대방광불화엄경 강설
제 1 권

一. 세주묘엄품世主妙嚴品 1

실차난타實叉難陀 한역
무비스님 강설

서문

보이는 것이나 보이지 않는 것이나

모두가 부처님의 법신이요,

들리는 소리나 들리지 않는 소리나

모두가 부처님의 설법입니다.

싯다르타 태자는 젊은 시절에 왕궁을 버리고 출가出家하여 6년간 수많은 스승들을 찾아다니면서 숱한 고행苦行을 하였습니다. 고행을 하시다가 마지막으로 부다가야 보리수나무 밑에 앉아서 7일간 바른 선정禪定에 들었습니다. 그러고는 비로소 정각正覺을 이루었습니다.

싯다르타 태자가 정각을 이루시어 드디어 여래如來 응공應供 불佛 세존世尊이 되시어 그 자리에 앉으신 채로 21일간 자신이 깨달은 진리를 80권이나 되는 방대한 내용으로 남김없이 설파說破하셨으니, 이것이 곧 화엄경華嚴經이며 불교의 첫 출발입니다.

그러므로 화엄경은 불교의 수많은 경전經典 가운데 최초로 설해진 경전이며, 자신이 깨달은 진리의 내용을 추호의 방편도 사용하지 않고 그대로 드러내 보이신 가르침이며, 인류가 남긴 최고의 걸작傑作입니다.

다행히 이와 같은 위대한 가르침을 만나서 몸과 마음을 다해 공부할 수 있는 인연이 되었습니다. 이 소중한 화엄경 공부의 인연을 많은 법우法友님들과 함께하고자 하나하나 천착穿鑿하며 강설講說을 집필하게 되었습니다.

실로 화엄경 공부는 금세기 최고의 축제祝祭며, 누구에게나 인생 일대에 참으로 크나큰 행복이요 더없는 영광입니다.

부디 이 아름답고 복된 인연에 동참하시어 인생으로 태어난 보람을 한껏 누리시기를 권선勸善하는 바입니다.

나무대방광불화엄경

나무대방광불화엄경

나무대방광불화엄경

2014년 1월 15일

신라 화엄종찰 금정산 범어사

如天 無比

대방광불화엄경 목차

대방광불화엄경의 이름

화엄경華嚴經의 온전한 이름은 대방광불화엄경大方廣佛華嚴經이다. 인도의 말로는 '마하 바이프라 붓다 간다 뷰하 수트라(Maha大 Vaiplya方廣 Buddha佛 Ganda華 Vyuha嚴 sutra經, 摩訶 毗佛略 勃陀 建拏 驃詞 修多羅)'라고 한다. 화엄경은 워낙 큰 경전이다 보니 이름의 뜻도 깊고 높다. 경전의 이름은 그 경전의 내용을 어느 정도 담고 있어서 전통적인 화엄교가들의 해석은 매우 소상하고 장황하다. 가능하면 전통적인 해석을 소화하여 이 시대 사람들이 알아들을 수 있도록 그 뜻을 간단하게나마 하나하나 나름대로 해석하면 다음과 같다.

대大

대방광불화엄경에서 대大, 즉 "크다."라고 한 것은 무엇이 크다는 것인가? 이 글을 쓰고 이 글을 읽는 당신이 크고 위대하다는 뜻이다. 아니 모든 사람, 모든 생명, 모든 존재가 다 같이 크고 위대하다는 뜻이다. 사람 사람이 그 인생을 어떻게 살든 사는 모습에는 아무런 관계없이 생명을 가지고 살아가는 그 삶이라는 자체만으로 매우 훌륭하고 아름답고 신기하고 위대하다는 뜻으로 "크다[大]."라고 하였다.

그러므로 경허(鏡虛,1849~1912)선사는 오대산 월정사에서 대방광불화엄경을 설법하시면서 "대방광불화엄경만 대가 아니라 대들보도 대요, 댓돌도 대요, 대가사도 대요, 세숫대도 대요, 담뱃대도 대니라."[1]라고 하였다. 그렇다. 이 세상 모든 것은 일체가 다 크고 위대하지 아니한 것이 없다는 뜻이다. 그렇다면 이 세상 모든 것은 곧 대방광불화엄경이고, 대방광불화엄경은 곧 이 세상 모든 것이라는 뜻이다.

또한 크다는 것은 작지 않다는 뜻인데 사람들이 스스로

---

1) 경허스님이 오대산 월정사를 지나게 됐다. 당시 월정사 방장으로 있던 인명寅明 스님이 경허스님에게 화엄경 설법을 청해 3개월간 월정사에서 화엄경 법회가 진행됐다. 1천여 명에 달하는 승속이 청법하는 자리에서 경허스님은 의연히 법좌에 올라 말했다. "〈대방광불화엄경〉이라 운운하였다." 경허스님의 자유로운 노래에 대중은 모두 대단한 흥미를 느꼈다. 경허스님은 이어 화엄경에 대한 심오하고 무변한 대의진수大義眞髓를 설했다.

그 사실을 알지 못하고 깨닫지 못하여 자신을 왜소한 존재, 못난 사람, 부족한 인물, 장애를 가진 사람, 죄업 덩어리, 하나님의 종 등등으로 생각하지만 사실에 있어서는 그렇지가 않고 매우 위대하고 훌륭하고 아름답고 뛰어난 사람이라는 뜻이다. 사람을 위시하여 이 세상 모든 생명 모든 존재가 다 그러하다는 뜻으로 "크다[大]."라고 하였다.

그러므로 육조혜능(六祖慧能, 638~713)대사는 처음 자신과 모든 사람들의 실상을 알고 나서 이렇게 말씀하였다. "내 자성이 본래 청정하다는 사실을 어찌 짐작이나 했겠는가. 내 자성이 본래부터 생멸이 없다는 사실을 어찌 짐작이나 했겠는가. 내 자성이 본래부터 모든 것을 갖추고 있다는 사실을 어찌 짐작이나 했겠는가. 내 자성이 본래 아무런 동요가 없다는 사실을 어찌 짐작이나 했겠는가. 내 자성이 능히 일체 만법을 만들어 낸다는 사실을 어찌 짐작이나 했겠는가."[2]

알고 보면 참으로 크고 또 위대한 것이 사람이다. 사람보다 크고 위대한 존재가 또 무엇이랴.

대방광불화엄경 강설

방方

또 대방광불화엄경에서 방方, 즉 "바르다."라고 한 것은 무엇을 뜻하는가. 저나 여러분이나 이 세상 모든 사람들이 무엇을 어떻게 하며 살든 그대로가 방정하며 아름다우며 여법하며 저절로 그러하여 아무런 잘잘못이 없다는 뜻으로 "바르다[方]."라고 한 것이다.

그러므로 경허선사는 대방광불화엄경을 설명하시면서 "큰방도 방이요, 지대방도 방이요, 질방도 방이요, 동서남북 사방도 방이니라."라고 하였다. 그렇다면 대방광불화엄경의 안목에서는 임금이나 신하나, 부자나 가난한 이나, 늙은 이나 젊은이나, 착한 이나 악한 이나, 주는 이나 받는 이나, 때리는 이나 맞는 이나 모두가 그대로 아름답고 방정하고 옳고 여법하고 저절로 그러하다는 뜻이다. 따라서 동서남북 남녀노소 시비선악, 나아가서 천지만물이 모두가 그대로

2) 三鼓入室. 祖以袈裟遮圍. 不令人見. 爲說金剛經. 至應無所住而生其心. 能言下大悟一切萬法不離自性. 遂啓祖言. 何期自性本自淸淨. 何期自性本不生滅. 何期自性本自具足. 何期自性本無動搖. 何期自性能生萬法. 祖知悟本性. 卽名丈夫天人師佛. 三更受法. 人盡不知.

진리라는 뜻이다.

광廣

또 대방광불화엄경에서 광廣, 즉 "넓다."라고 한 것은 무엇을 뜻하는가. 이 세상의 모든 사람 사람과 생명 생명들이 다 같이 넓고 넓어 그 끝을 찾을 수 없는 존재라는 뜻에서 "넓다[廣]."라고 한 것이다. 즉 모두가 천백억 화신으로 작용하며 돌아가는 모습이다.

그러므로 경허선사는 대방광불화엄경을 설하시면서 "쌀광도 광이요, 찬광도 광이요, 연장광도 광이니라."라고 하였다. 화엄경의 눈으로 보면 저 아득한 우주와 허공과 법계도 무한히 넓지만 겨자씨도 무한히 넓고 작은 먼지도 무한히 넓고 모래알도 무한히 넓고 세포도 무한히 넓고 사람도 무한히 넓고 사람의 마음도 무한히 넓다. 이와 같은 뜻을 화엄경을 통해서 사람들에게 이해시키려는 것이다.

불佛

또 대방광불화엄경에서 불佛, 즉 "부처"라고 한 것은 무엇을 뜻하는가. 이 세상의 모든 사람이 다 부처라는 뜻이며, 이 세상 모든 생명이 다 부처라는 뜻이며, 이 세상 유정무정의 모든 존재가 다 부처라는 뜻이다. 흔히 알려져 있는 화엄경의 표현으로는 "마음과 부처와 중생, 이 셋은 차별이 없고 같은 것이다[心佛及衆生 是三無差別]."라고 하였다.

그러므로 경허선사는 대방광불화엄경을 설하시면서 "등잔불도 불이요, 모닥불도 불이요, 촛불도 불이요, 화롯불도 불이요, 번갯불도 불이요, 이불도 불이요, 횃불도 불이니라." 라고 하였다. 화엄경의 안목으로 보면 착한 사람도 부처요, 악한 사람도 부처요, 주는 사람도 부처요, 받는 사람도 부처요, 동서남북 사유상하, 흑인 백인 황인, 남녀노소 빈부귀천 할 것 없이 모두가 본래로 부처라는 뜻이다. 삼라만상 산천초목 천지만물이 모두가 본래로 부처라는 뜻이다.

필자는 사람들이 이해하기 쉽도록 사람이 모두 부처님이라는 인불사상人佛思想을 주창하지만 실로 화엄경의 견해대로라면 만유개불萬有皆佛 사상이라야 할 것이다. 그래서 모든 사람들이 화엄경의 가르침을 알고 모두가 부처님으로서 당당하게 살도록 하는 것이 곧 불교의 궁극적 목표이며, 나아가서 모든 사람, 모든 생명과 일체 만유를 부처님으로 받들어 섬기고 서로 위하며 보호하고 아끼면서 평화롭고 행복하게 살도록 하는 것이 불교의 궁극적 목표다.

화華

또 대방광불화엄경에서 화華, 즉 "꽃"이라고 한 것은 무엇을 뜻하는가. 이 세상의 모든 것은 가장 아름답고 향기로운 꽃이라는 뜻이다. 뿌리도 꽃이요, 줄기도 꽃이요, 가지도 꽃이요, 잎도 꽃이요, 꽃도 꽃이요, 열매도 꽃이다. 모든 사람, 모든 생명, 모든 존재가 다 향기롭고 아름다운 꽃이다.

그러므로 경허선사는 대방광불화엄경을 설하시면서 "매화도 화요, 국화도 화요, 탱화도 화요, 화병도 화요, 화살도 화요, 화엄경도 화이니라."라고 하였다. 사람 사람이 어찌 향기롭고 아름다운 꽃이 아니랴. 삼라만상 천지만물 모두가 어찌 향기롭고 아름다운 꽃이 아니랴.

엄嚴

또 대방광불화엄경에서 엄嚴, 즉 "장엄하다."라고 한 것은 무엇을 뜻하는가. 흔히 인위적으로 꾸며 놓은 것을 "장엄"이라고 하지만 화엄경의 깨어 있는 안목으로 보면 모든 존재가 있는 그대로가 훌륭한 장엄이다. 팔등신의 아름다운 몸매나 천하절색의 미인이나 곰보나 째보나 모두가 그대로 훌륭한 장엄이다. 소나무도 장엄이요, 감나무도 장엄이요, 뿌리도 장엄이요, 줄기도 장엄이요, 가지도 장엄이요, 잎도 꽃도 열매도 모두가 그대로 훌륭한 장엄이다.

그러므로 경허선사는 대방광불화엄경을 설하시면서 "엄마도 엄이요, 엄살도 엄이요, 엄명도 엄이요, 엄정함도 엄이요, 화엄도 엄이니라."라고 하였다. 이 세상에서 무엇을 빼고 무엇을 더할 것이며, 무엇을 버리고 무엇을 취할 것인가. 모두가 한결같은 가치를 가지고 있으며 다 같이 소중한 존재들이다. 그러나 굳이 방편을 빌려 또 하나의 아름다운 장엄을 이야기한다면 세상을 아름답게 하고 맑고 향기롭게 하여 진실로 살기 좋은 세상을 만들어 가는 불심佛心이 가득한 보살행을 말할 수도 있을 것이다.

경經

또 대방광불화엄경에서 경經, 즉 "진리의 말씀"이라고 한 것은 무엇을 뜻하는가. 진리의 말씀이 어디 종이에 써진 부처님이나 조사의 말씀만을 뜻하겠는가. 시냇물 소리, 바람 소리, 시장에서 물건 값을 흥정하는 소리, 아이들이 장난치는 소리, 이 모두 진리의 말씀 아닌 것이 없다.

그러므로 경허선사는 대방광불화엄경을 설하시면서 "면경도 경이요, 구경도 경이요, 풍경도 경이요, 인경도 경이요, 안경도 경이니라."[3]라고 하였다. 그러므로 화엄경의 안목으로 눈을 뜨고 귀를 열고 세상의 모든 소리가 진리의 말씀임을 들어야 할 것이다. 삼라만상과 천지만물 모두가 그대로 진리의 가르침임을 듣고 깨달아야 하리라.

당송팔대가 중의 한 사람인 소동파(蘇東坡, 1036~1101)거사는 이러한 이치를 깨닫고 지은 시에서,

---

3) 경허선사는 오대산 월정사에서 위와 같이 화엄경을 설하셨고, 그의 제자 한암(漢巖, 1876~1951)선사는 그 법석에서 위와 같은 경허선사의 화엄을 들었을 것이다. 그리고 한암선사의 제자인 탄허(呑虛, 1913~1983)선사는 한암선사에게서 역시 화엄경을 공부하였으며 필자는 또한 1977년 오대산 월정사에서 탄허선사로부터 화엄경을 수학하였다. 이와 같이 면면히 이어져 온 그 인연으로 지금 이렇게 화엄경 강설을 쓰고 있다.

"시냇물 소리는 부처님의 광장설법이거늘

산의 아름다운 모습인들 어찌 청정법신이 아니랴.

밤새 설한 팔만사천법문의 게송들을

다음날 무슨 방법으로 사람들에게 들어 보일 수 있을

까?"⁴⁾ 라고 하였다.

그렇다. 해인사에 있는 팔만대장경만 종이가 뚫어져라 쳐다보고 있을 것이 아니라 삼라만상과 산천초목이 모두 설법을 하고 있다는 사실에 눈을 뜨고 귀를 열어야 할 것이다.

또 이런 선시도 있다. "나에게 한 권의 경전이 있는데 종이나 먹으로 만들어진 것이 아니다. 그러므로 펼쳐 보아야 글자 하나 없다. 그러나 항상 큰 광명을 놓고 있다."⁵⁾

불교에서 말하는 경전이란 바로 이러한 뜻을 지니고 있다. 경전이 종이에 먹으로 써졌거나 인쇄로 이루어진 것은 아니리라. 하물며 화엄경이야 말해 무엇하겠는가.

---

4) 溪聲便是廣長舌 山色豈非淸淨身 夜來八萬四千偈 他日如何擧示人

    (蘇詩補注 권23, 贈東林總長老).

5) 我有一卷經 不因紙墨成 展開無一字 常放大光明.

실차난타實叉難陀 한역漢譯

불교의 모든 경전은 처음에 인도의 문자인 산스크리트나 빨리어로 기록되어 있었다. 불교가 중국으로 들어오면서 경전도 함께 들어와서 중국 사람들이 읽을 수 있도록 하기 위해서 모든 경전을 중국어로 번역하게 되었는데 우리가 공부하려는 80권본 화엄경은 당나라 때 실차난타(實叉難陀, 652~710)라는 스님이 번역한 것이다. 실차난타스님은 당시 우전于闐, 지금의 중국 서역 신강성의 호탄[和田] 지방 출신이다.

스님은 서기 695년에 화엄경의 산스크리트본을 낙양으로 가져다가 남인도 출신의 보리유지(菩提流志, ?~725)스님과 인도를 구법求法 여행하고 돌아온 의정(義淨, 635~713)스님 등과 함께 신역新譯 화엄경 80권을 완역하였다.

대방광불화엄경 강설

제1권

제1회會 6품 설법

화엄경은 일곱 곳이나 되는 장소를 옮겨 가면서 아홉 번이나 법회가 열린 법문의 기록이다. 그것을 흔히 7처處 9회會의 법문이라고 한다. 제1회에는 보리도량에서 여섯 품이 설해졌다. 그 법회의 회주는 보현보살이며, 내용은 여래의 의보依報와 정보正報에 대한 법문이다. 의보란 여래가 의지할 국토와 환경과 의복 등 의지할 내용이다. 정보란 여래의 몸과 마음의 세계를 이른다. 화엄경은 부처님이 설한 것이 아니고 부처님을 설명하는 것이다. 제1회 6품은 보현보살이 회주가 되어 설명하고 있다.

그 6품의 이름은 제1 세주묘엄품, 제2 여래현상품, 제3 보현삼매품, 제4 세계성취품, 제5 화장세계품, 제6 비로자나품이다. 이와 같은 내용을 화엄경 약찬게略纂偈에서는 육육육사급여삼六六六四及與三 일십일일역부일一十一一亦復一이라고 표현하였다. 제1회에 보리도량에서 6품, 제2회에 보광명전에서 6품, 제3회에 도리천궁에서 6품, 제4회에 야마천궁에서 4품, 제5회에 도솔천궁에서 3품, 제6회에 타화자재천궁에서 1품, 제7회에 보광명전에서 11품, 제8회에 보광명전에서 1품, 제9회에 급고독원에서 1품이다.

대방광불화엄경 강설

제1권

一. 세주묘엄품 1

세주묘엄품世主妙嚴品이란 이 세상의 주인들이 이 세상을 아름답게 장엄하고 있음을 나타낸다는 품목이다. 그런데 세상은 무엇이고 세상의 주인은 또 무엇인가? 그리고 아름답게 장엄하였다는 것은 또 무슨 뜻인가?

선게禪偈에 '구류동거일법계 자라장리살진주九類同居一法界 紫羅帳裏撒珍珠'라는 말이 있다. "갖가지 종류의 사람들과 생명들과 온갖 천지만물과 삼라만상이 모두가 같은 법계에 살고 있는 모습이 마치 영롱하게 빛나는 진주들을 아름다운 비단 위에 뿌려 놓은 듯하다."라는 뜻이다. 이 세상도 이 세상에 존재하는 모든 것들도 모두가 더없이 아름답고 더없이 존귀하고 더없이 소중한 것이라는 뜻이다.

거기에 무슨 차별이 있겠는가. 무슨 분별이 있겠는가. 그래서 세상은 지금 이대로 모두가 주인으로서 당당하게 그 역할을 충실히 하고 있고 그 모습은 지극히 아름답게 장엄되어 있다는 뜻이다. 그러므로 이 품에 등장하는 세상의 주인들은 우주만유를 구성하고 있는 모든 존재들을 다 열거하여 세상의 주인이라고 표현하였다.

시성정각 始成正覺

여 시 아 문
如是我聞하사오니

이와 같은 사실을 제가 들었습니다.

  불교의 모든 경전은 언제 누구에 의해서 결집된 경전이든 그것은 모두 부처님이나 보살들이 설법한 것을 아난존자가 듣고 결집하고 편찬한 것으로 약속되어 있다. 화엄경도 역시 아난존자가 들은 대로 서술하는 형식을 취하고 있어서 "이와 같은 사실을 저 아난이 보고 들었습니다."라고 서두를 써 나가고 있다. 스스로 설법한 것이 아니고 단지 부처님과 보살들로부터 들은 그대로를 전해 줄 뿐이라는 것을 말함으로 청중들과 독자들을 믿게 한 것이다. 이것으로써 믿음이 성취되었다고 한다.

"이와 같은 사실[如是]"이란 앞으로 설해질 80권이나 되는 화엄경의 전부를 뜻한다. 그 모든 화엄경을 아난존자인 저는 불보살님들로부터 들었다는 것을 밝혔다. 설법의 내용은 아니지만 경전이 설해지게 된 정황들을 앞뒤와 사이사이에 삽입하는 것은 경전에서 매우 중요한 부분이다. 이러한 사실들은 경전을 편찬한 사람이 서술한 것인데 그를 '경가經家의 서술'이라고 한다.

일 시   불   재 마 갈 제 국 아 란 야 법 보 리 장 중
一時에 佛이 在摩竭提國阿蘭若法菩提場中하시니라

어느 날 부처님께서 마갈제국摩竭提國 아란야阿蘭若 법法보리도량菩提道場에 계실 때였습니다.

부처님이 정각을 이루신 시간과 장소를 밝혔다. 이로써 하나의 경전이 성립되는 데 반드시 필요한 주인공과 시간과

장소가 성취되었다. 제1회 6품의 경전이 역시 이곳에서 설해
졌다. 마갈제국이란 부처님이 출가하여 6년간이나 여러 곳
을 전전하면서 많은 종교의 스승들을 참례하시다가 깨닫기
직전에 마지막으로 머무신 나라다. '독해毒害가 없는 나라'
또는 '총명하고 지혜로운 사람들이 가득한 나라'라는 뜻이
다. 아란야란 '고요한 곳, 시끄러움이 없는 곳'이란 뜻이다.
법法이란 부처님이 증득하신 진리를 뜻한다. 보리도량이란
깨달음의 장소다. 부처님이 이곳에서 깨달음을 이루었기 때
문에 모두가 깨달음에 맞춰서 지어진 이름들이다. 그러므로
깨어 있는 사람에게는 처처가 보리도량이지만 미혹한 사람
에게는 그곳만 보리도량이고 나머지는 모두가 번뇌도량이
된다. 그래서 오늘도 순례자들은 그곳으로 꾸역꾸역 모여들
고 있다.

시 성 정 각
始成正覺하시니라

비로소 정각正覺을 이루셨습니다.

불교의 출발은 부처님이 정각을 이룸으로부터 시작된다. 2천6백여 년 전 납월 8일 35세 된 한 청년이 오래고도 모진 고행 끝에 비로소 정각을 이루었다. 깨달음에는 본각本覺이 있고 시각始覺이 있다. 부처님이 이제 비로소 정각을 이루었다[始覺]고는 하지만 그 진정한 깨달음은 그가 본래로 가지고 있었던 것[本覺]이다. 마치 어떤 사람이 값이 수천억이나 나가는 보물을 본래로 지니고 있으면서 오랫동안 모르고 있다가 어느 날 어떤 계기에 문득 알게 되는 것과 같다. 부처님이 그렇듯이 사람 사람 모두는 누구나 본래로 지니고 있는 깨달음[本覺]이 있다. 그래서 사람이 곧 부처님이라는 인불사상人佛思想을 주창하는 것이다. 불교 공부에서는 무엇보다 중요한 것이 이러한 깨달음에 대한 사실을 믿고 이해하고 실천해서 직접 체험하는 일이다.

불교에는 여러 가지의 기념일이 있는데 가장 중요시하는 날이 바로 납월 8일인 부처님 성도재일이다. 탄생일인 사월 초파일보다 성도재일을 더욱 크게 기념하면서 정각의 의미를 활짝 드날릴 때 불교가 바로 전해질 것이라 믿는다.

대방광불화엄경 강설

장엄莊嚴

1. 땅의 장엄

기 지　　견 고　　　금 강 소 성
其地가 堅固하야 金剛所成이니라

그 땅은 견고하여 다이아몬드로 이루어져 있었습니다.

역시 경전을 결집하고 편찬한 아난존자가 부처님의 입장
에서 보고 듣고 느끼고 안 것을 서술한 것이다. 불교인들은
인도의 부다가야를 참배하기를 좋아한다. 부처님이 깨달음
을 이루셨던 곳이기 때문이다. 부처님은 그 땅이 온통 다이
아몬드로 되어 있었다고 하였으나 순례자들은 한 사람도

다이아몬드를 발견하지 못한다. 어디를 돌아보아도 척박한 모래와 자갈들뿐이다. 왜 그럴까. 부처님이 거짓말을 했을까. 아니다. 그것이 사실은 아닐지라도 진실임에는 틀림없다. 깨달은 사람의 안목에는 부다가야뿐만 아니라 전 세계가 모두모두 다이아몬드로 이루어져 있다. 아니다. 수억만 광년 저 멀리에 있는 이름 없는 그 어떤 별이든 모두가 다이아몬드로 이뤄져 있다. 이것이 깨달은 사람의 안목이다. 화엄경을 공부하려면 그동안 들어서 알고 있는 내용 그대로 자신이 깨달았다고 가정하고 읽어야 한다. 이것이 화엄경 공부의 비결이며 힌트다.

상 묘 보 륜　　급 중 보 화　　청 정 마 니　　이 위 엄
上妙寶輪과 及衆寶華와 淸淨摩尼로 以爲嚴

식　　　제 색 상 해　　무 변 현 현
節하고 諸色相海가 無邊顯現하니라

가장 아름다운 보륜寶輪과 여러 가지 보배로운 꽃과 청정한 마니로 빈틈없이 꾸며져 있었으며, 온갖 색상의 바다가 끝없이 나타나 있었습니다.

부처님이 깨달음을 이루신 그 땅과 그 장소의 정황을 그리고 있다. 깨닫고 나니 세상은 참으로 아름답고 소중하게 보였다. 얼마나 아름답고 값지게 보였으면 이렇게 표현했을까. 깨닫지 못한 중생의 눈에는 2천6백 년 전이나 지금이나 그냥 그대로 척박한 모래와 자갈들뿐인데.

마 니 위 당　　상 방 광 명　　항 출 묘 음
摩尼爲幢하야 **常放光明**하고 **恒出妙音**하며

마니로 된 깃대에서는 항상 광명을 놓고 끊임없이 아름다운 소리를 내었습니다.

부처님의 깨달음을 나타내는 깃대가 높이 솟아 있고 그 위에는 깃발이 펄럭인다. 그 깃대는 마니라는 값진 보석으로 만들어졌으며 깃대에서는 항상 광명을 놓아 삼천대천세계를 두루 비춘다. 그뿐만 아니라 아름답고 미묘하여 음악인 듯 설법인 듯한 소리가 끊임없이 들려 온다. 존재의 실상에 눈을 뜬 사람의 눈과 귀는 무엇을 보든 무엇을 든든 언제나 이와 같으리라.

중보라망　　묘향화영　　주잡수포　　　마니보
衆寶羅網과 **妙香華纓**이 **周帀垂布**하며 **摩尼寶**

왕　　변현자재
王이 **變現自在**하며

　여러 가지 보석으로 된 그물과 미묘한 향기가 나는
꽃다발들이 두루두루 드리워져 있었고, 으뜸가는 마니
보석이 자유자재하게 변화하며 나타났습니다.

　불교 경전에는 그물이 자주 등장한다. 그 그물은 모두
다이아몬드처럼 빛나는 무수한 보석으로 만들어져 있다. 그
무수한 보석들은 서로서로 비춰 주고 서로서로 그 빛을 받
아들인다. 삼라만상 모든 존재는 그 그물의 다이아몬드가
서로서로 비추듯이 법계적 연관 관계를 맺고 있다는 것을 상
징한다. 즉 불이성不二性, 모든 존재가 둘이 아니라는 뜻이
다. 그물만 있는 것이 아니라 그물에는 미묘한 향기가 나는
꽃다발들이 두루두루 드리워져 있고 여기저기 커다란 마니
보석들이 자유자재로 변화를 나타내 보인다. 인도의 땅이
나 한국의 땅이나 지금 보통 사람들의 눈앞에 있는 현상 그
대로건만 깨달음의 눈을 가진 사람에게는 그 모두가 이와

같이 보이는 것이다.

우 무 진 보   급 중 묘 화   분 산 어 지
雨無盡寶와 **及衆妙華**하야 **分散於地**하니라

　무궁무진한 보석들과 여러 가지 미묘한 꽃들이 소낙
비가 내리듯이 그 땅에 흩뿌려졌습니다.

　하늘에서는 무궁무진한 보석들과 온갖 아름다운 꽃들이
마치 장마철 소낙비가 내리듯이 그 땅에 흩뿌려져 쌓인다.
선게禪偈에 "백 억이나 되는 살아 있는 석가모니 부처님이 술
에 취하여 봄바람에 춤을 춘다."[6]라고 하였다. 마치 맹인이
아무것도 보지 못하는 것과 정상적인 밝은 눈을 가지고 이
아름다운 봄날 만발한 꽃 천지를 보는 것과 같은 상황이라
고나 할까.

---

6) 百億活釋迦 醉舞春風端.

보 수　　항 열　　　지 엽 광 무
寶樹가 **行列**하야 **枝葉光茂**하니라

　보석으로 된 나무들이 줄지어 있는데 가지와 잎들은 무성하게 빛나고 있었습니다.

　길거리에 늘어서 있는 가로수들도 모두모두 보석으로 되어 있으며 그 가로수들의 가지와 잎들도 한없이 무성하여 반짝반짝 빛을 발하고 있다. 지극히 정상적인 사고를 가진 사람으로서 대단히 총명하고 영리하나, 다만 그동안 맹인으로 살다가 35년 만에 비로소 눈을 뜨고 세상을 바라보는 느낌을 표현하였는데, 오직 언어와 표현의 한계가 한스러울 뿐이다.

불 신 력 고　　　영 차 도 량 일 체 장 엄　　　어 중 영 현
佛神力故로 **令此道場一切莊嚴**으로 **於中影現**
하니라

　모두가 부처님의 위신력으로서 이 도량의 일체 장엄들이 그 가운데서 영상으로 나타나게 하였습니다.

"비로소 정각을 이루니 그 땅이 견고하여 다이아몬드로 이루어져 있더라."라는 것으로부터 여기까지는 땅의 장엄을 밝힌 내용이다. 미혹의 세월을 보내다가 깨달음을 이루고 나서 바라본 그 나라 그 국토의 모습이다. 부처님의 위신력이란 곧 깨달음의 힘이다. 깨달음의 안목이다. 오로지 깨달음을 통하여 도량의 장엄은 그토록 아름답게 보인 것이다. 오로지 깨달은 사람의 마음의 힘으로 그와 같이 영상으로 나타나 있다고 하였다. 진실로 실재하는 것이 있을까. 미혹한 사람의 마음에 나타난 것들도 실은 모두가 영상일 뿐이다. 어차피 모두가 영상이건만 누구에게는 그토록 아름답게 보이고 누구에게는 그토록 척박한 환경과 다 썩어 버린 세상으로 보이는가. 이 누구의 무슨 조화일까?

2. 보리수의 장엄

기 보 리 수   고 현 수 특
其菩提樹가 **高顯殊特**하니라

그 보리수는 높이 솟아 아주 특별하였습니다.

보리수의 장엄도 역시 "여래의 위신력 때문이다."라고 하였다. 깨달음의 힘으로 영상처럼 나타난 보리수의 장엄을 밝혔다. 밀러(1794~1827)라는 독일의 시인이 있다. 그의 시에 "보리수"[7]라는 것이 있어서 한 구절 소개한다. "이리 내 곁으로 오라. 여기서 안식을 찾으라." 세존은 6년의 고행 끝에 이 보리수나무 밑에서 영원한 안식, 진정한 열반을 찾은 것이다. 매일매일 수천수만 명씩 참배하러 오는 순례자들은 얼마나 안식을 얻어 가는가?

---

7) 성문 앞 우물 곁에 서 있는 보리수/ 나는 그 그늘 아래 단꿈을 보았네./ 가지에 희망의 말 새기어 놓고서/ 기쁠 때나 슬플 때나 찾아온 나무 밑// 오늘 밤도 지났네. 그 보리수 곁으로/ 깜깜한 어둠 속에 눈 감아 보았네./ 가지는 산들 흔들려 내게 말해 주는 것 같네. / '이리 내 곁으로 오라. 여기서 안식을 찾으라.'고// 찬바람 세차게 불어와 얼굴을 매섭게 스치고/ 모자가 바람에 날려도 나는 꿈쩍도 않았네. / 그곳을 떠나 오랫동안 이곳저곳 헤매도/ 아직도 속삭이는 소리는 여기 와서 안식을 찾으라.

금강위신　　유리위간　　중잡묘보　　이위
金剛爲身하며 瑠璃爲幹하며 衆雜妙寶로 以爲

지조　　　보엽부소　　수음여운　　　보화잡색
枝條하며 寶葉扶疏하야 垂陰如雲하며 寶華雜色으로

분지포영　　부이마니 이위기과　　함휘발염
分枝布影하며 復以摩尼로 而爲其果하야 含暉發焰

여화간열
하야 與華間列하니라

　다이아몬드로 몸통이 되고 유리로 줄기가 되었으며, 온갖 아름다운 보석들로 가지가 되어 있었습니다. 또 보석으로 된 잎은 무성하여 그늘을 드리운 것이 마치 구름과 같았습니다. 보석으로 된 꽃들은 온갖 색깔들로 가지마다 널리 분포해 있었습니다. 또 마니보석으로 그 열매가 되어 빛을 머금고 불꽃을 발하며 꽃과 꽃 사이에 나열하여 있었습니다.

　부처님이 6년의 고행 끝에 마지막으로 선정에 들었던 그 보리수나무는 2천6백여 년을 지난 지금도 그 자리에 그렇게 서 있다. 그래서 수많은 불교의 순례자들은 오늘도 부처님의 깨달음을 그리며 구름처럼 몰려와서 천 배 만 배 절을 올린다. 수만리를 멀다 하지 않고 거기까지 왔다. 나무를 쓰다듬으며 눈물을 흘리기도 하고, 염불을 외며 보리수와 대탑을 하염없이 돌고 또 돈다. 그곳에는 밤도 없고 낮도 없다. 먹고 마시거나 쉬는 일도 없다. 혹자는 굳이 그곳에서 삭발을 하며 자신의 신심을 표현하기도 한다.

그 감동은 실로 다이아몬드로 보리수나무의 몸통이 되어 있고 유리로 줄기가 되어 있으며, 온갖 아름다운 보석들로 가지가 되어 있었다. 또 보석으로 된 잎은 무성하여 그늘을 드리운 것이 마치 구름과 같고, 보석으로 된 꽃들은 온갖 색깔들로 가지마다 널리 분포해 있었다. 또 마니보석으로 그 열매가 되어 빛을 머금고 불꽃을 발하며 꽃과 꽃 사이에 주렁주렁 매달려 있었다. 하지만 35년 만에 눈을 뜬 싯다르타의 감동이 어찌 이것뿐이겠는가. 다만 말이 부족하고 표현력이 달릴 뿐이다.

기 수 주 원　　함 방 광 명　　어 광 명 중　　우 마 니
其樹周圓에 咸放光明하며 於光明中에 雨摩尼

보 　　마니보내 　유제보살 　　기중여운 　구
寶_{하며} 摩尼寶內_에 有諸菩薩_{호대} 其衆如雲_{하야} 俱

시 출 현
時出現_{하니라}

　그 보리수의 주위에서는 돌아가면서 모두 광명을 놓
고, 그 광명 안에서는 마니보석이 비 오듯이 쏟아지며,
마니보석 안에는 수많은 보살들이 있었으며, 그 보살
대중들은 구름이 몰려오듯이 함께 출현하였습니다.

　보리수나무란 깨달음의 나무다. 보리수나무도 부처님이
깨달음을 얻은 뒤부터 붙여진 이름이다. 본래는 필발라수_畢
_{鉢羅樹}다. 이처럼 깨닫고 나니 나무 이름마저 바뀌었다. 무슨
변화인들 없겠는가. 진도 1천도로 천지가 진동하였다. 그것
도 6종 18상으로 진동하였다. 나무 주위에서 엄청난 광명이
눈이 부시도록 발산하고 그 광명에서는 마니보석이 장마철
소나기가 내리듯이 쏟아진다. 또한 그 마니보석 안에는 무
수한 보살들이 있어서 여름날 하늘에서 구름이 일어나듯 솟
아나고 있다. 왜 아니겠는가. 천지만물과 삼라만상의 명명
백초두_{明明百草頭}에 명명조사의_{明明祖師意}인 것을.

우 이 여 래 위 신 력 고　　기 보 리 수　　항 출 묘 음
又以如來威神力故로 其菩提樹가 恒出妙音하

설 종 종 법　　무 유 진 극
야 說種種法호대 無有盡極하니라

　이 또한 여래의 위신력으로서 그 보리수가 항상 미
묘한 소리를 내어 가지가지 법을 설하는데 끝도 없고
다함도 없었습니다.

　여래의 위신력이란 무엇인가. 싯다르타 태자가 깨달음을
얻어 부처님의 눈과 부처님의 귀를 가졌다는 뜻이다. 부처님
의 눈을 갖고 세상을 보라. 부처님의 귀를 갖고 세상을 들으
라. 무엇이 어떻게 보이고 무슨 소리가 어떻게 들리는가. 멀
쩡한 보리수나무에서 미묘하고 아름다운 소리로 가지가지
법을 연설하는 소리가 들릴 것이다. 끝도 없이 들릴 것이다.
어디 보리수나무뿐이겠는가. 삼라만상과 천지만물과 두두
물물에서 다 그렇게 들릴 것이다.

3. 궁전의 장엄

여래 소처 궁전 누각   광박엄려   충변 시방
如來所處宮殿樓閣이 **廣博嚴麗**하야 **充徧十方**

중 색 마 니 지 소 집 성
이어든 **衆色摩尼之所集成**이니라

여래가 거처하시는 궁전의 누각은 아주 넓고 장엄하
고 화려하여 시방세계에 두루두루 하였습니다. 가지가
지 색깔로 빛나는 마니보석으로 이루어진 것입니다.

진묵대사(震默大師, 1562~1633) 시에 이런 글이 있다.

"하늘을 이불 삼고 땅을 자리 삼고 산을 베개로 삼으며
달을 촛불로 삼고 구름을 병풍으로 삼고 바다를 술통으로
삼아 크게 취하여 거연히 일어나 춤을 추니 도리어 긴 소맷
자락이 곤륜산에 걸릴까 걱정되노라."[8]

부처님이 깨달음을 성취하였을 때는 집도 절도 없을 때
이다. 한낱 커다란 나무 밑 차디찬 바위 위에다 주변에 있는

---

8) 天衾地席山爲枕 月燭雲屛海作樽 大醉居然仍起舞 却嫌長袖掛崑崙.

잡초들을 뜯어다 깔고 앉아 있을 때이다. 그러나 이 몸이 있는 한 누구나 거처하는 곳이 있게 마련이다. 다리 밑이거나 길거리이거나 논두렁이라도 상관없다. 진리를 깨달은 사람의 마음이라면 어디에 있은들 그곳이 궁전이 아니겠는가. 온 시방세계가 모두모두 내가 사는 궁전이리라.

종종보화   이위장교   제장엄구   유광여
種種寶華로 以爲莊校하며 諸莊嚴具가 流光如

운   종궁전간   췌영성당
雲하야 從宮殿間으로 萃影成幢하니라

　가지가지 보석 꽃으로 장식되어 있으며 또 여러 가지 장엄구들이 광명을 쏟아내는 것이 마치 구름이 일듯하고 궁전과 궁전 사이로부터 그림자들이 모여 깃대를 이루었습니다.

　그 궁전은 가지가지 보석 꽃으로 장엄되어 있고, 갖가지 장엄구들은 얼마나 찬란하고 화려한지 눈이 부시게 빛나고 있었다. 그러한 궁전이 한두 채가 아니다. 궁전과 궁전 사이

에 그림자가 생겨서 마치 큰 깃대를 이룬 듯하다. 온 우주와 삼라만상의 모든 진리를 깨달은 사람으로서 이 세상을 진리의 눈으로 찬탄하고 있다.

　무변보살　　도량중회　함집기소　　이능출
無邊菩薩과 **道場衆會**가 **咸集其所**하야 **以能出**

현제불광명　　부사의음마니보왕　　이위기망
現諸佛光明하며 **不思議音摩尼寶王**으로 **而爲其網**

하나라

　그리고 끝도 없는 보살들과 도량에 있는 대중들은 모두모두 그곳에 모여 모든 부처님의 광명을 나타내 보이며 불가사의한 소리를 내었으며, 또 마니보석으로 그 궁전의 그물이 되어 있었습니다.

　부처님이 보리수 아래에서 깨달음을 성취하시니 끝도 없이 많은 보살과 무수한 대중들이 그곳에 모여들었다. 왜 아니겠는가. 서 푼어치만 공부를 하고 포교당을 열어도 사람들이 구름처럼 몰려드는데 하물며 삼계의 대도사요 사생의 자비하신 어버이가 인류 역사상 처음으로 큰 깨달음을 이루셨는데 그 소식을 들은 사람들이 모여 오지 않겠는가. 사람들이 모여야 깨달음의 덕화인 제불광명을 나타내 보인다. 제불광명이란 모든 깨달은 이들이 설하는 진리의 가르침이다.

여래 자재 신 통 지 력   소 유 경 계   개 종 중 출
如來自在神通之力으로 **所有境界**가 **皆從中出**

일 체 중 생   거 처 옥 택   개 어 차 중   현 기 영
하며 **一切衆生**의 **居處屋宅**이 **皆於此中**에 **現其影**

상
像하니라

여래의 자재하신 신통력으로 모든 경계가 그 그물로부터 나왔습니다. 일체 중생들이 살고 있는 집들까지 모두 그곳에 영상으로 나타나 있었습니다.

삼천대천세계가 모두 여래의 궁전인 그 궁전에는 또한 상상할 수도 없는 아름다운 음악 소리를 내는 마니보석으로

된 그물이 둘러져 있다. 또한 일체 중생들이 사는 집들까지도 그 궁전에서 영상으로 나타난다. 여래에게 일체 중생은 당신이 사랑하고 애착하는 대상이기 때문이다. 역시 깨달음의 눈을 연 여래의 신비한 힘에서 나온 것이다.

우 이 제 불 신 력 소 가　　일 념 지 간　　실 포 법 계
又以諸佛神力所加로 **一念之間**에 **悉包法界**하
니라

또한 모든 부처님의 위신력으로 가피를 내려 한순간에 온 법계를 다 에워쌌습니다.

부처님이 계시는 궁전은 궁전 스스로의 궁전이 아니다. 모두가 부처님의 가피력, 즉 깨달음의 힘으로 된 바다. 세상 사람 모두 그들이 사는 집은 모두가 그 사람의 능력으로 이뤄진 것이다. 청정한 산간에서 큰 기와집에 사는 것은 사는 사람의 복력은 아니더라도 부처님의 제자가 되었기 때문이다. 그 또한 부처님과의 인연의 힘이며 가피력이다.

위에서 설명한 궁전이 이 세상 어딘가에 실재하는 것은 아닐지도 모른다. 그러나 깨달은 사람은 황량한 광야에 살더라도 그가 마음으로 누리는 것은 지혜의 힘과 복덕의 힘에 의한 것이다. 그러므로 그 궁전들이 사실은 아니더라도 진실임에는 틀림없다. 설사 황금으로 1천 평이나 되는 집을 지어 놓고 그 안에서 살더라도 고통과 번민과 투쟁으로 세월을 보낸다면 그곳은 곧 가시넝쿨로 뒤엉킨 지옥일 것이기 때문이다.

4. 사자좌의 장엄

其^기獅^사子^자座^좌가 高^고廣^광妙^묘好^호하니라

그 사자좌는 높고 넓으며 매우 아름다웠습니다.

부처님을 사람 가운데 사자라고 한다. 그래서 부처님이 앉으신 자리가 곧 사자좌다. 부처님이 6년의 고행 끝에 마지막 7일 동안 선정에 들기 위해 앉았던 자리를 가리키는데, 무지몽매한 이 중생의 안목으로 볼 때 참으로 어처구니없는 표현이다. 필자도 1993년경에 부다가야의 부처님이 앉으셨던 그 자리에 가 보았다. 커다란 나무 밑에 금강보좌金剛寶座라고 불리는 바위가 하나 있다. 부처님은 그 바위 위에다 풀을 뜯어서 깔고 앉으셨다고 한다. 그것이 무슨 대단한 사자좌인가. 하지만 설사 모래 자갈밭에 그냥 앉으셨더라도 역시 이렇게 표현하였을 것이다. 열쇠는 곧 깨달음에 있다. 맹인이 35년 만에 드디어 눈을 뜨고 보니 온 세상이 그렇게 아름다울 수가 없고, 그렇게 훌륭할 수가 없고, 그렇게 존귀할

수가 없었다. 이 감동, 이 충격을 무엇으로 표현해야 할까. 깔고 앉으셨던 이름 모를 풀이 그날 이후로 길상초吉祥草로 승격되지 않았던가. 그래서 화엄경은 자신이 깨달았다는 환상 속에서 읽어야 맛이 더욱 진하게 우러난다.

摩尼爲臺_{하며} 蓮華爲網_{하며} 清淨妙寶_로 以爲其

輪_{하며} 衆色雜華_로 而作瓔珞_{하며} 堂榭樓閣_과 階

砌戶牖_의 凡諸物像_이 備體莊嚴_{하며} 寶樹枝果_가

周廻間列_{하니라}

그 사자좌는 마니보석으로 받침대가 되어 있으며, 연꽃으로 그물이 되어 있으며, 청정하고 미묘한 보석으로 그 둘레가 되어 있었습니다. 여러 가지 색깔로 된 갖가지 꽃들은 영락으로 되어 있고 당우와 정자와 누각과 섬돌과 문호와 온갖 물상들은 격식을 갖추어서 장엄하였습니다. 보석으로 된 나무들은 가지와 열매가 무성하여 두루두루 돌아가며 사이마다 펼쳐져 있었습니다.

　부처님이 계신 곳은 그 땅도, 그 보리수도, 그 궁전도, 그 사자좌도 모두모두 다이아몬드와 금은보화와 마니보석으로 꾸며져 있다. 세속에서 아무리 화려하게 꾸민다 하더라도 이와 같을 수는 없다. 실로 화려함의 극치요 사치의 극치다.

　그러나 실은 모래밭이나 자갈밭의 평범한 나무 한 그루요, 차디찬 바위 위에 잡초를 뜯어 깔고 앉았을 뿐이다. 부처님은 평소 제자들에게 떨어진 누더기도 깁고 또 기워 가며 검소하게 살라고 하셨다. 금은보화는 절대 가지지 말라고 하셨다. 심지어 꽃도 향도 사용하지 말라고 하셨다. 그런데 하물며 당신 스스로이겠는가.

　단지 존재의 실상을 깨닫고 그 깨달음에 의한 안목으로 보는 삶의 환희와 감동과 존귀함과 영원성과 열락과 청정성을 이와 같이 표현한 것이리라. 실상의 눈으로 볼 때 나무 한 그루, 풀 한 포기, 모래알 하나, 그 무엇인들 존귀하지 않고 소중하지 않겠는가. 심지어 우수마발牛溲馬勃까지도 또한 그러하리라.

마니광운 호상조요 시방제불 화현주
摩尼光雲이 **互相照耀**하며 **十方諸佛**이 **化現珠**

옥 일체보살 계중묘보 실방광명 이래
玉에 **一切菩薩**의 **髻中妙寶**가 **悉放光明**하야 **而來**

영 촉
瑩燭하니라

마니보석의 광명 구름은 서로서로 밝게 비추며, 시방의 모든 부처님이 화현한 큰 구슬에는 많은 보살들이 있고, 그 보살들의 상투 위에 있는 아름다운 보석들이 모두 다 광명을 놓아서 밝고 찬란하게 비추었습니다.

그 사자좌는 마니보석으로 받침대가 되어 있는데 마니보석에서 뿜어내는 그 빛은 서로서로 비춰 주기 때문에 그 밝기가 이루 말할 수 없이 눈부시다. 또 그 마니보석에는 큰 구슬들이 여기저기 박혀 있는데 그 구슬에는 시방의 부처님들이 화현하여 있다. 또 화현한 부처님을 둘러싼 모든 보살들의 상투에는 또 다른 아름다운 보석들이 다 같이 광명을 놓아 찬란하게 비추고 있다. 그 사자좌는 온통 불보살들로 둘러싸여 있고 찬란한 빛으로 휘황찬란하게 눈이 부시다.

지금도 부다가야에는 부처님의 성도를 기념하는 큰 탑이 세워져 있다. 그 탑 옆에는 큰 보리수나무가 있고 보리수나무 옆에는 큰 바위가 있는데 그것이 부처님이 7일간 선정에 들었던 금강보좌다. 멀리서 온 순례자들은 밤에 그 도시에 도착하더라도 피곤함을 무릅쓰고 곧바로 그곳에 와서 참배부터 한다. 그러고는 밤을 새워 가면서 기도를 올리며 절을 하고 탑 주위를 하염없이 돈다. 몇날 며칠을 오체투지하는 사람들도 헤아릴 수 없이 많다. 그래도 그 감동을 이기지 못하여 눈물을 쏟는 이가 부지기수다. 필자는 그 광경을 그리면 지금도 환희와 감동의 눈물이 난다. 이 마음을 어찌 불보살의 화현이나 찬란한 광명이나 다이아몬드나 금은보화나 마니보석으로 대신할 수 있으랴. 평범한 중생의 마음으로도 이와 같은데 하물며 큰 깨달음으로 진리의 눈을 뜨고 이 화엄경을 편찬하는 경가經家의 안목으로야 어떻겠는가.

부 이 제 불 위 신 소 지   연 설 여 래 광 대 경 계
復以諸佛威神所持로 **演說如來廣大境界**하시

묘 음   하 창   무 처 불 급
니 **妙音**이 **遐暢**하야 **無處不及**이러라

또한 모든 부처님의 위신력으로 여래의 광대한 경계를 연설하시니 미묘한 음성이 멀리 퍼져서 들리지 않는 곳이 없었습니다.

사자좌란 무엇인가. 진리의 가르침, 법을 설하는 자리다. 그래서 사자좌에는 법을 아는 사람이라야 올라갈 수 있다. 어떤 스님은 평생 수행을 잘하고도 단 한 번도 그 자리에 올라가지 않았다. 법을 아는 사람이 두렵기 때문이며, 스스로가 부끄러워서다. 춘원 이광수(1892~1950)선생은 법을 청하는 청법가를 지어서 오늘날까지 법회 때마다 노래 부른다.

"덕 높으신 스승님 사자좌에 오르사

사자후를 합소서 감로법을 주소서.

옛 인연을 잊도록 새 인연을 맺도록

대자비를 베푸사 법을 설하옵소서."

사자좌를 표현하는 마지막 부분에 부처님의 깨달음에 의하여 깨달은 사람의 경계를 한껏 연설하시어 모든 사람 모든 생명들의 존재의 실상이 부처님이라는 사실을 깨닫게 하여 영원히 부처님으로 살게 하자는 것이다. 즉 자타일시성불도自他一時成佛道이다.

세존의 불가사의한 덕德

1. 덕德의 근본

이 시   세 존   처 우 차 좌   어 일 체 법   성 최
爾時에 **世尊**이 **處于此座**하사 **於一切法**에 **成最**

정 각
正覺하시니라

  그때에 세존께서 이 사자좌에 앉아서 일체의 법에서
가장 바른 깨달음을 이루셨습니다.

  세존은 보리도량 보리수나무 밑에 있는 사자좌에 앉아
서 모든 곳 모든 존재와 모든 사건[一切法]에 대하여 가장 바
른 깨달음을 이루셨다. 부처님은 만행 만덕을 소유하신 분

인데 그 까닭은 바로 여기에서 밝힌 모든 존재와 모든 사건에 대하여 가장 바른 깨달음을 성취하였기 때문이다. 부처님은 일체 모든 것을 꿰뚫어 아는 지혜를 가지셨고, 어떤 상황에서도 두려움이 없으며, 온갖 힘을 소유하셨기 때문에 십력十力이라고도 부르며, 대자대비하시기 때문에 사생四生의 자부慈父라고도 부른다. 그뿐만 아니라 여래, 응공, 정변지, 명행족 등등 열 가지 이름으로 그 덕행을 표현하기도 한다. 부처님의 지혜와 덕행과 자비에 대해서는 아무리 오랫동안 무수한 말로 칭송한다 하더라도 그 끝이 없다. 그 까닭과 그 원인은 일체의 법에서 가장 바른 깨달음을 이루셨기 때문이다.

2. 삼업三業 변만

1) 의업意業

지 입 삼 세　　　실 개 평 등
智入三世하야 **悉皆平等**하시며

지혜는 과거 현재 미래에 다 들어가서 낱낱이 모두 평등하였습니다.

바른 깨달음을 성취하신 분의 마음의 능력[意業]을 간단하게 밝힌 내용이다. 진정으로 정각을 성취한 사람은 그 지혜가 과거나 현재나 미래의 모든 시간에 미치지 않는 데가 없으며, 또한 그 지혜가 동서남북 사유상하 그 어디에도 미치지 않는 데가 없어서 모든 시간 모든 공간에 평등하게 작용한다. 언제의 일을 모르며 무슨 일을 모르겠는가. 그러므로 우주 공간에 관한 천문이나, 존재의 근본에 관한 물질의 실상이나, 모든 사건 모든 사고에 대한 그 원인들까지도 낱낱이 밝게 꿰뚫어 안다.

2) 신업身業

기 신　　충 만 일 체 세 간
其身이 **充滿一切世間**하시니라

그 몸은 일체 세간에 충만하였습니다.

　바른 깨달음을 성취하신 분의 몸의 능력[身業]을 간단하게 밝힌 내용이다. 바른 깨달음을 성취한 사람의 몸은 물질의 몸인 색신色身이기도 하지만 이미 지혜의 몸이며, 법의 몸이다. 그래서 경에서 말씀하시기를, "부처님의 몸은 법계에 충만하여 일체 중생들의 앞에 두루두루 나타난다. 인연을 따라 이르지 않는 곳이 없으나 항상 깨달음의 자리인 보리수나무 밑의 사자좌를 떠나지 않았네."[9]라고 하였다. 이와 같이 부처님의 몸은 중생 세간에도 나타나지만 온갖 국토에도 다 나타나며 깨달음의 세계에도 역시 빠짐없이 나타난다. 이것이 바른 깨달음을 얻은 사람의 몸의 능력이다.

---

9) 佛身充滿於法界 普現一切衆生前 隨緣赴感靡不周 而恒處此菩提座.

3) 어업語業

기 음　　보 순 시 방 국 토
其音이 **普順十方國土**하시니라

그 음성은 시방 국토에 두루두루 순응하였습니다.

　바른 깨달음을 성취한 분의 언어의 능력[語業]을 간단히
밝혔다. 시방 국토에 두루두루 순응한다는 것은 사람이 아
닌 다른 종류의 중생들의 소리에도 순응하고, 듣는 사람의
수준에 맞춰서 알맞게 설법하고, 한마디 말씀으로 시방세
계에 두루두루 들리게도 하는 것이다. 마치 매화 한 송이가
피면 사방에 봄이 온 것을 알린 것과 같은 것이며, 국화 한
송이가 피면 천지에 가을이 온 것을 알린 것과 같은 것이다.
바른 깨달음을 성취하신 부처님의 어업語業의 능력은 이와
같다.

4) 비유譬喻

비 여 허 공　　구 함 중 상　　어 제 경 계　　무 소 분
譬如虛空이 **具含衆像**호대 **於諸境界**에 **無所分**

別하고 又如虛空이 普徧一切호대 於諸國土에 平
等隨入하시니라

비유컨대 마치 허공은 온갖 물상들을 모두 품고 있
지만 모든 경계에 대해서 차별하는 것이 없는 것과 같
습니다. 또한 허공은 온갖 세상에 두루 하면서 그 모든
국토에 평등하게 따라 들어가는 것과도 같습니다.

바른 깨달음을 성취한 분의 몸과 말과 마음의 능력을 함
께 비유로써 밝혔다. 그러나 부처님의 삼업을 어찌 비유로써
밝힐 수 있겠는가? 그러나 허공을 비유로 들면 부족하지만
어느 정도는 가능하다. 하지만 다른 비유는 오히려 제대로
드러내지 못하여 부처님을 비방하는 꼴이 되고 만다. 그래
서 비유는 실재하는 것의 모든 뜻을 다 드러내지 못한다고
한다. 경전에서 이렇게 말씀하였다. "부처님의 지혜는 넓고
크기가 허공과 같아서 일체 중생들의 마음에 두루 펼쳐져 있
다." 그래서 유감스럽지만 하는 수 없이 허공에 비유한 것
이다.

허공은 평등하다. 차별이 없다. 모든 사물에 다 들어가
있다. 허공에도 허공은 있지만 물속에도 있고, 불 속에도 있
고, 나무나 바위나 철 속에도 있다. 그래서 차별 없이 평등
하게 모든 것과 함께하고 있는 것이 허공이다. 부처님의 몸
과 말과 마음의 능력도 또한 그러하다.

3. 위세威勢

신 항 변 좌 일 체 도 량　　　보 살 중 중　　위 광 혁 혁
身恒偏坐一切道場하사 **菩薩衆中**에 **威光赫奕**이

여 일 윤 출　　　조 명 세 계
如日輪出하야 **照明世界**하시나라

　몸은 항상 일체 도량에 두루 앉아 계시면서 보살 대
중 가운데에 그 위광이 혁혁한 것이 마치 태양이 떠서
온 세계를 밝게 비추는 것과 같았습니다.

　바른 깨달음을 성취하신 부처님의 위엄과 그 기세가 어떠
한가를 밝혔다. 천지 사이와 만물 가운데 오직 사람이 가장
존귀하다고 하였으나 사람 가운데 가장 우수한 사람인 보살
은 그 뛰어남이 상상을 초월한다. 그런데 그런 보살 대중들
가운데서 부처님은 그 위엄과 기세가 마치 천 개의 태양이 한
꺼번에 솟은 듯하다. 그러한 모습으로 일체 세계와 일체 도량
에 다 두루 하여 빠짐없이 계신다. 화장세계품의 이야기가 그
내용이다. 또 경문에 "이 법회에서 부처님이 앉아 계시는 것을
보듯이 일체 먼지 속에도 또한 이와 같더라."[10]라고 하였다.

4. 복덕福德

삼 세 소 행 중 복 대 해   실 이 청 정
三世所行衆福大海가 **悉已淸淨**하시니라

과거 현재 미래에 수행하신 여러 가지 복덕의 바다
는 모두 다 이미 청정하였습니다.

바른 깨달음을 성취하신 부처님의 복덕은 왜 이토록 뛰
어난가. 과거와 현재와 미래의 부처님의 덕행을 모두모두 배
우고 익혔기 때문이다. 그러므로 온갖 번뇌와 망상은 다 사
라지고 오로지 복덕만 드러났다. 마치 태양이 높이 솟으면
검은 먹구름은 흔적도 없이 사라지고 밝고 밝은 대명천지만
드러나는 것과 같다. 불법을 공부하는 일이란 단장斷障과 성
덕成德이다. 어두운 번뇌와 망상을 제거하고 청정한 복덕과
지혜를 성숙시켜 가는 일이다.

---

10) 如於此會見佛坐 一切塵中亦如是.

5. 수생受生

이 항 시 생 제 불 국 토
而恒示生諸佛國土하시니라

항상 모든 부처님의 국토에 태어남을 보이십니다.

물고기는 물속에서 태어나고 소와 말은 마구간에서 태어나듯이 바른 깨달음을 성취한 부처님은 언제나 부처님의 국토에서 태어난다. 모든 생명들은 업을 따라 태어나기도 하고, 인연을 따라 태어나기도 하지만 불보살들은 언제나 원력을 따라 태어난다. 그러므로 같은 사바국토라도 보통 사람들은 업토業土에 태어난 것이 되고, 불보살들은 불국토에 태어난 것이 된다. 따라서 가난한 집에 태어나든 부잣집에 태어나든 누구를 원망하랴. 모두가 자기 자신의 업이며 인연인 것을.

6. 상호원만 相好圓滿

무 변 색 상   원 만 광 명   변 주 법 계   등 무
無邊色相과 **圓滿光明**이 **徧周法界**하사대 **等無**

차 별
差別하시니라

끝없는 색상과 원만한 광명은 법계에 두루 미치어
차별 없이 평등하였습니다.

바른 깨달음을 성취하신 부처님은 저절로 32상과 80종
호로 장엄하게 된다. 왜냐하면 바른 깨달음이란 곧 진리를
깨달았다는 뜻이기 때문에 진리를 깨달은 사람은 모든 것이
진리에 부합한다. 상호까지도 진리에 부합한다. 진리는 곧
빛이므로 원만한 광명이 전 세계에 차별 없이 두루 미치게 되
는 것이다. 따라서 모든 사람들은 그 사람의 모습이 곧 그
사람의 삶인 것이며, 동물이나 식물들도 역시 그 모습이 곧
동물과 식물의 삶인 것과 같다. 또한 사용자의 모습을 한
사람은 곧 사용자이고, 노동자의 모습을 한 사람은 곧 노동
자이며, 노숙자의 모습을 한 사람은 곧 노숙자이다. 스님의

모습을 한 사람은 곧 스님이고, 세속인의 모습을 한 사람은
곧 세속인이다.

7. 설법說法

연 일 체 법   여 포 대 운
演一切法하사대 如布大雲하시니라

　일체 법을 연설하시는 것이 마치 큰 구름이 펼쳐지듯 하였습니다.

　부처님의 설법 속에는 없는 이야기가 없다. 특히 화엄경에는 참으로 많은 이야기가 있어서 세속의 일이나 출세간의 일이나, 중생의 일이나 부처님의 일이나 모두 포함되어 있어서 사람이 살아가는 데 필요한 교훈과 길을 가르치고 있다. 법의 구름이 일어 법의 비를 내리는 것은 일체 의혹을 끊고 번뇌와 망상을 제거하고자 한 것이다. 화엄경에 "비로자나 부처님이 서원의 힘으로 일체 국토 중에서 최상의 법륜을 항상 굴린다."[11]라고 하였다.

　화엄경의 법문이 "중중하고 첩첩한 것은 마치 드넓은 허공에서 구름이 뭉게뭉게 일어나는 것과 같다."[12]라고 하였다. 부처님은 법문이라는 비로 중생들의 뜨거운 고뇌의 열기를 식혀 주기 때문에 구름이나 비로 비유하고 있다.

8. 중생 교화衆生 教化

一一毛端에 悉能容受一切世界하사대 而無障
礙하야 各現無量神通之力하사 教化調伏一切衆
生하시니라

낱낱 털끝에서 일체 세계를 다 능히 수용해도 장애가 없으며, 각각 한량없는 신통의 힘을 나타내어 일체 중생들을 교화하고 조복하셨습니다.

바른 깨달음을 이루고 나면 그 깨달음으로 일체 중생에게 회향하는 것이 깨달은 사람의 의무다. 그 의무에 의하여 부처님이 일체 중생을 자유자재하게 교화하는 작용을 밝혔다. 화엄경은 다른 경전과 그 차원이 다르다. 중생을 교화하는 일도 한 사람 한 사람을 상대하지 않고 자신의 낱낱

---

11) 毘盧遮那佛 願力周法界 一切國土中 恒轉無上輪.
12) 法門重疊은 如雲起長空이라(淸凉스님의 往復序 中에서).

털끝에서 일체 세계 일체 중생을 한꺼번에 다 수용한다. 그렇게 해도 아무런 장애가 없다. 또 한 말씀 한 구절을 들려주는 것이 아니라 한량없는 신통을 앞앞이 다 나타내어 일체 중생을 교화하는 방법이다. 법성게의 '일미진중함시방一微塵中含十方 일체진중역여시一切塵中亦如是'라는 사사무애의 이치대로 중생 교화도 역시 그와 같은 이치로 하는 것이다.

9. 법신미륜法身彌綸

신 변 시 방　　이 무 래 왕
身徧十方하사대 **而無來往**하시니라

법신은 시방에 두루 미치나 오고 감이 없었습니다.

바른 깨달음을 성취한 사람의 몸은 그대로가 법신이다.
법으로써 몸을 삼기 때문이다. 법신은 시방에 두루 하다. 시
방에 두루 하지만 오고 감이 없다. 법은 산천초목과 삼라만
상에 다 꽉 차 있다. 아니다. 삼라만상과 산천초목이 그대
로가 법이며 법신이다. 그래서 동파거사는 "산천초목이 어찌
청정법신 비로자나불의 몸이 아니겠는가."[13]라고 하였다.
그런데 다시 어디를 가며 어디로 오겠는가.

---

13) 山色豈非淸淨身.

10. 지혜智慧

지 입 제 상 　　 요 법 공 적
智入諸相하사 **了法空寂**하시니라

지혜는 모든 형상에 다 들어가서 법의 공적함을 밝게 알았습니다.

지혜가 모든 형상에 다 들어간다는 것은 바른 깨달음의 안목으로 모든 존재의 실상을 꿰뚫어 안다는 뜻이다. 모든 존재의 실상이란 곧 제법공상諸法空相의 실체를 알았기 때문에 "법의 공적함을 밝게 알았다."라고 한 것이다. 색즉시공色卽是空의 이치를 깨달았다는 것이다. 모든 존재가 그 본질이 공적하다는 것은 세존이 터득한 인류 역사상 최고의 발견이다.

11. 제불신변 諸佛神變

삼 세 제 불　　소 유 신 변　　어 광 명 중　　미 불 함 도
三世諸佛의 所有神變을 於光明中에 靡不咸覩하사

일 체 불 토 부 사 의 겁　　소 유 장 엄　　실 령 현 현
一切佛土不思議劫의 所有莊嚴을 悉令顯現케하시니라

　　과거 현재 미래의 모든 부처님의 신통변화를 광명
속에서 남김없이 다 보았으며, 일체 국토의 불가사의한
겁의 장엄들을 모두 다 나타나게 하였습니다.

　　삼세제불의 신통변화란 바른 깨달음의 내용이다. 그 내
용들을 진리의 가르침이라는 밝은 광명, 즉 화엄경에서 우리
는 다 보고, 다 느끼고, 다 알고 있다. 그리고 그것을 이 국
토와 저 국토에서 오랜 세월 동안 무수한 도인들이 이렇게
설명하고 저렇게 해석하면서 그 깊고 오묘한 뜻을 드러내 보
이고 있다. 지금 여기서 우리가 확실하게 볼 수 있고 느낄 수
있고 읽을 수 있고 감동할 수 있는 삼세제불의 신통광명이
란 종이와 먹으로 된 화엄경이며, 또한 화엄경에서 가르치는
진리의 내용들이다.

화엄회상華嚴會上의 대중

1. 보살 대중의 이름과 덕행

1) 동명보살

유 십 불 세 계 미 진 수 보 살 마 하 살   소 공 위 요
有十佛世界微塵數菩薩摩訶薩의 **所共圍遶**

하니라

열 세계의 미진수와 같이 많은 보살마하살들이 다
함께 에워싸고 있었습니다.

부처님의 법회가 원만하게 이뤄지려면 법문을 들을 청중
들이 동참하여야 한다. 그것을 '청중이 성취[衆成就]되었다.'라
고 한다. 다른 경전에는 1천2백50명 정도 모이는 것이 일반

적인 예다. 화엄경은 워낙 대경이기 때문에 시작부터 "열 세계의 미진수와 같이 많은 보살들이 모여들었다."라고 하였다. 그야말로 구름이 모여 오듯이 모여들었다. 대중들이 모이는 이유에 대해서 청량소淸涼疏에서 밝힌 것[14]을 소개하면 이렇다. ① 형상이 있으면 그림자가 있고 소리가 있으면 메아리가 있듯이 부처님이 계시는 곳에는 반드시 제자들이 있게 마련인 것이다. ② 누구에게나 보좌하는 사람이 있어야 주인공이 원만하게 되기 때문이다. ③ 여래를 지키고 보호하여야 하기 때문이다. ④ 장엄의 역할도 있다. 만약 여래 혼자라면 그 모양새가 너무 외롭기 때문이다. ⑤ 여래를 찬탄하는 노래와 꽃과 깃발 등으로 공양하여야 하기 때문이다. ⑥ 이 경전의 가르침을 펴도록 질문하여 발기하는 역

---

14) 來至佛所何所爲耶. 有十義故：一, 爲影響. 爲主伴故. 二, 爲作輔翼. 得圓滿故. 如普賢等常隨之衆. 三, 爲守護如來. 如執金剛等, 諸佛住處常勤護故. 四, 爲莊嚴. 如道場神等, 常為嚴淨佛宮殿故. 五, 爲供養. 如偈讚卽正行供養. 華幢等卽財供養故. 六, 爲發起此經. 諸請難者卽其事故. 七, 爲聞法獲益. 當機領悟卽其類故. 八, 爲表法. 諸首諸林表信行等皆同名故. 及座出菩薩等顯奇特故. 亦通表萬行俱成佛故. 九, 爲順證佛菩薩等. 證說不虛故. 十, 爲翻顯. 卽聲聞不聞, 顯法不共故. 爲斯多意所以衆海雲集. 非唯證信而已也.

할을 위해서다. ⑦ 설법을 듣고 깨달음의 이익을 얻기 위해서다.

기 명 왈 보 현 보 살 마 하 살　　보 덕 최 승 등 광 조
其名曰普賢菩薩摩訶薩과　普德最勝燈光照

보 살 마 하 살　　보 광 사 자 당 보 살 마 하 살　　보 보
菩薩摩訶薩과　普光獅子幢菩薩摩訶薩과　普寶

염 묘 광 보 살 마 하 살　　보 음 공 덕 해 당 보 살 마 하
焰妙光菩薩摩訶薩과　普音功德海幢菩薩摩訶

살　　보 지 광 조 여 래 경 보 살 마 하 살　　보 보 계 화
薩과　普智光照如來境菩薩摩訶薩과　普寶髻華

당 보 살 마 하 살　　보 각 열 의 성 보 살 마 하 살　　보
幢菩薩摩訶薩과　普覺悅意聲菩薩摩訶薩과　普

청 정 무 진 복 광 보 살 마 하 살　　보 광 명 상 보 살 마
清淨無盡福光菩薩摩訶薩과　普光明相菩薩摩

하 살
訶薩이니라

그들의 이름은 보현普賢 보살마하살과 보덕최승등광

조普德最勝燈光照 보살마하살과 보광사자당普光獅子幢 보살마

하살과 보보염묘광普寶焰妙光 보살마하살과 보음공덕해당 普音功德海幢 보살마하살과 보지광조여래경普智光照如來境 보 살마하살과 보보계화당普寶髻華幢 보살마하살과 보각열의 성普覺悦意聲 보살마하살과 보청정무진복광普淸淨無盡福光 보 살마하살과 보광명상普光明相 보살마하살이었습니다.

화엄회상의 청법 대중에는 모두 40종류의 대중이 있다. 먼저 보살 대중으로서 20명이 소개되는데 이것을 만행중萬行 衆 또는 동생중同生衆이라 하고 집금강신執金剛神부터 39중을 이생중異生衆이라 한다. 다시 보살 대중 20명 중에도 열 명의 동명同名보살이 있고, 또 열 명의 이명異名보살이 있다. 동명 보살의 특징은 보현普賢보살을 위시하여 모두 보普라는 글 자가 앞에 놓여 있는 점이다. 그래서 열 명의 동명보살이라 한다.

보普란 넓다는 뜻이다. 무엇이 넓은가. 먼저 화엄경이 넓 고, 다음은 화엄경에서 밝히려는 세계가 넓고, 아울러 우리 들의 인생이 넓고 크다는 점이다. 부연하면 우주 법계도 넓 고, 천지만물 삼라만상도 넓고, 미세한 먼지도 넓고, 눈에 보이지 않는 세포도 넓다. 이러한 모든 것의 존재 원리와 그들이 살아가는 삶의 길을 밝히려고 보〓라는 보살이 가장 먼저 등장하였을 것이다.

성인들에게 무슨 이름이 필요하겠는가만 중생들을 제도하는 방편으로 천 가지 이름 만 가지 이름이 있게 되었다. 장자에도 "지극한 사람에게는 자기라는 것이 없으며, 신인에게는 공이 없으며, 성인에게는 이름이 없다."[15]라고 하였다. 그러므로 여기에 등장하는 많고 많은 이름들은 모두가 중생들을 교화하기 위한 방편의 이름이라고 알아야 할 것이다. 또 한 가지 중요한 점은 법회 청중을 통해서 앞으로 설해질 법문의 내용이 어떠하리라는 것을 미리 보여 주는 의미가 있다. 그러므로 법회 청중을 깊이 살펴서 설법의 내용과 경전의 규모를 미리 그려 보는 것도 중요한 공부다.

---

15) 至人無己, 神人無功, 聖人無名.

2) 이명보살

해월광대명보살마하살　운음해광무구장
海月光大明菩薩摩訶薩과　**雲音海光無垢藏**

보살마하살　공덕보계지생보살마하살　공
菩薩摩訶薩과　**功德寶髻智生菩薩摩訶薩**과　**功**

덕자재왕대광보살마하살　선용맹연화계보
德自在王大光菩薩摩訶薩과　**善勇猛蓮華髻菩**

살마하살　보지운일당보살마하살　대정진
薩摩訶薩과　**普智雲日幢菩薩摩訶薩**과　**大精進**

금강제보살마하살　향염광당보살마하살
金剛臍菩薩摩訶薩과　**香焰光幢菩薩摩訶薩**과

대명덕심미음보살마하살　대복광지생보살
大明德深美音菩薩摩訶薩과　**大福光智生菩薩**

마하살　여시등　이위상수　유십불세계
摩訶薩이라　**如是等**이　**而爲上首**하사　**有十佛世界**

미진수
微塵數하니라

해월광대명海月光大明 보살마하살과 운음해광무구장雲音

海光無垢藏 보살마하살과 공덕보계지생功德寶髻智生 보살마하

살과 공덕자재왕대광功德自在王大光 보살마하살과 선용맹연

화계善勇猛蓮華髻 보살마하살과 보지운일당普智雲日幢 보살마하살과 대정진금강제大精進金剛臍 보살마하살과 향염광당香焰光幢 보살마하살과 대명덕심미음大明德深美音 보살마하살과 대복광지생大福光智生 보살마하살이었습니다. 이러한 이들이 상수가 되어 열 세계 미진수와 같이 많았습니다.

열 명의 다른 이름인 이명異名보살이다. 부처님을 보좌하고 부처님의 법문을 듣고 도량과 부처님을 장엄도 하고 부처님께 여러 가지로 공양도 올리고 때로는 법을 청하기도 하는 등등의 역할을 하는 청법 대중으로서는 참으로 많고 많은 대중들이 있다. 보살들뿐만 아니라 온갖 세상이 모두 동원되는 실로 우주 법계가 모두 화엄경의 대중들이다.

3) 보살 대중의 덕행

(1) 자리행自利行

차 제 보 살   왕 석   개 여 비 로 자 나 여 래   공 집
此諸菩薩이 **往昔**에 **皆與毘盧遮那如來**로 **共集**

善根하야 修菩薩行하시니 皆從如來善根海生이니라

이 모든 보살들은 지난날 비로자나여래와 같이 함께 선근을 모아서 보살행을 닦았습니다. 그래서 모두가 여래의 선근바다로부터 태어났습니다.

청중의 덕행을 밝혔다. 보살의 수승한 덕을 찬탄하는데 두 가지 방면을 말할 수 있다. 하나는 자리自利의 측면이고, 또 하나는 이타利他의 측면이다. 먼저 자리 면을 들었다. 보살은 왜 보살이 되는가. 보살이 되어서도 무슨 인연으로 이 화엄회상에 법회 청중으로 동참하게 되었는가. 인간으로 태어나서 이와 같이 화엄보살 대중에 동참한다면 참으로 큰 영광이며 성공한 인생이라 할 수 있을 것이다. 지난날 여래와 함께 선근을 모으고 보살행을 닦은 인연 공덕이라고 하였다. 그래서 여래의 선근바다로부터 태어난 영광이라고 하였다. 오늘날 화엄경을 이렇게 공부하는 인연 공덕으로 세세생생 화엄경을 또다시 공부하게 되고 끝내 화엄의 이치를 깨달아 만 중생에게 큰 광명이 되리라.

제 바 라 밀　　실 이 원 만　　혜 안 명 철　　등 관
諸波羅蜜이　悉已圓滿하며　慧眼明徹하야　等觀

삼 세　　어 제 삼 매　　구 족 청 정
三世하며　於諸三昧에　具足淸淨하시니라

　모든 바라밀이 다 이미 원만하며 혜안이 명철하여
과거 현재 미래를 평등하게 관찰하며 모든 삼매를 구족
하게 청정하였습니다.

　여래와 함께 선근을 모으고 보살행을 닦는다는 것은 무
엇인가. 보시와 인욕과 지계 등 무수한 바라밀을 모두 다 원
만히 성취하고 지혜의 눈이 명철하여져서 과거 현재 미래를
꿰뚫어 보고 모든 삼매를 훌륭하게 구족하는 일들이 곧 여
래와 함께 선근을 모으는 것이라 한다.

(2) 이타행利他行

변 재 여 해　　광 대 무 진　　구 불 공 덕　　존 엄
辯才如海하야　廣大無盡하며　具佛功德하야　尊嚴

<ruby>可敬<rt>가 경</rt></ruby>하며 <ruby>知衆生根<rt>지 중 생 근</rt></ruby>하야 <ruby>如應化伏<rt>여 응 화 복</rt></ruby>하시니라

변재가 바다와 같아서 끝없이 광대하며, 부처님의 공덕을 갖춰서 그 존엄함이 가히 공경할 만하며, 중생들의 근기를 알아서 알맞게 교화하고 조복하십니다.

보살들의 수승한 덕을 찬탄하는데 이타의 측면을 밝혔다. 불교에서는 무엇으로 다른 사람들을 이롭게 하는가? 부처님은 무엇으로 중생들을 이롭게 하셨는가? 먼저 깨달음의 지혜로 사람이 갖출 수 있는 공덕인 지혜와 자비와 실천력을 완벽하게 갖추어서 무종교인이나 이교도들까지도 그 존엄함을 공경해 마지않는 인품이 되어야 하고, 다음으로 사람들의 수준과 근기와 성품과 욕망들을 잘 살펴서 바다와 같은 변재로 교화하고 조복하는 일이다. 불교가 사회에 대하여, 인류에 대하여 해야 할 일은 바로 이것이다. 법회에 동참한 보살 대중들의 수승한 덕은 이와 같다.

(3) 지위地位

입 법 계 장   지 무 차 별
入法界藏하야 **智無差別**하니라

법계장法界藏에 들어가서 지혜가 차별이 없으십니다.

화엄경에 장藏 자가 자주 등장한다. "갈무리하다. 감춰져 있다. 새겨져 있다. 내재되어 있다."라는 등의 뜻을 갖는다. 불성론佛性論[16]에는 법계장에 대하여 "밖으로는 일체의 염정染淨 등 유위법을 지니고 있는 것을 법계라 하고, 안으로 일체의 항하강의 모래 수와 같은 성품의 덕을 함유하고 있는 것이 장藏이다."라고 하였다.

앞에서 소개한 보살들은 이와 같이 밖으로는 일체의 염정 등 유위법을 지니고 있고, 안으로는 모든 항하강의 모래 수와 같은 성품의 덕을 함유하고 있어서 그 지혜가 차별이 없다는 것을 밝혔다.

---

16) 依佛性論說有五藏：一. 如來藏：謂在纏含果法故. 二. 自性淸淨藏：謂在纏不染. 三. 法身藏：謂果位為功德所依. 四. 出世間上上藏：謂出纏超過二乘菩薩. 五. 法界藏：謂通因果. 外持一切染淨有為故名法界. 內含一切恆沙性德故復名藏.

증 불 해 탈　심 심 광 대
證佛解脫의 **甚深廣大**하니라

부처님 해탈의 심심하고 광대함을 증득하였습니다.

　불교를 공부하는 목적을 여러 가지로 설명할 수 있으나 가장 뚜렷하고 확실한 명제는 해탈이라고 할 수 있다. 일반적으로는 온갖 고통과 문제, 그리고 생사로부터 해탈하는 것을 말하나 여기에서의 해탈은 보살의 작용이 자유자재하여 일념에 과거 미래 현재의 모든 불사를 건립하는 것이다. 법회에 모인 보살 대중들의 수승한 덕을 설명하면서 그들도 부처님이 증득하신 지극히 깊고 광대한 해탈을 증득하였다고 하였다. 경전에는 모든 부처님의 10종의 무애해탈을 설명하였다. "① 일체 제불이 한 먼지에서 무수한 제불이 세상에 나오심을 나타내며 ② 일체 제불이 한 먼지에서 무수한 제불이 법륜을 굴리는 것을 나타내며 ③ 일체 제불이 한 먼지에서 무수한 제불이 중생을 교화하고 조복함을 나타내며 ④ 제불의 국토를 나타내며 ⑤ 보살의 수기를 나타내며 ⑥ 과거 미래 현재의 일체 제불을 나타내며 ⑦ 과거 미래 현재의 세계종을 나타내며 ⑧ 과거 미래 현재의 신통을 나타내며 ⑨ 과거 미래 현재의 일체 중생을 나타내며 ⑩ 과거 미래 현재의 일체 불사를 나타낸다."[17] 이것이 심심하고 광대한 부처님의 해탈이다. 일반적인 생사의 고통에서 벗어나는 것과는 차원이 다른 해탈이다.

능 수 방 편　　입 어 일 지　　이 이 일 체　　원 해
能隨方便하야 **入於一地**하야 **而以一切**호대 **願海**

소 지　　항 여 지 구　　진 미 래 제
所持로 **恒與智俱**하야 **盡未來際**하시니라

능히 방편을 따라서 한 지위에 들어가서 일체 지위를 함께 하되 원력의 유지하는 바로서 미래제가 다할 때까지 항상 지혜와 함께 하였습니다.

---

17) 佛子. 諸佛世尊有十種無礙解脫. 何等為十. 所謂一切諸佛能於一塵現不可說不可說諸佛出興於世. 二, 一切諸佛能於一塵現不可說不可說諸佛轉淨法輪. 三, 衆生受化調伏. 四, 諸佛國土. 五, 菩薩受記. 六, 現去來今一切諸佛. 七, 現去來今一切世界種. 八, 現去來今一切神通. 九, 現去來今一切衆生. 十, 現去來今一切佛事」. 十句之首皆有一切諸佛能於一塵等言. 前五句下皆有不可說不可說言, 同初二門也.

보살 대중들의 수승한 덕 중에서 한 지위에서의 공덕에 들어가면 일체 지위의 공덕을 다 포섭하게 되는 뜻을 밝혔다. '초발심시변정각初發心時便正覺'이라는 법성게의 글이 있다. 처음 발심한 그 지위에 구경각의 공덕을 다 갖춘다는 뜻이다. 화엄의 도리는 언제나 무엇이나 일즉일체一卽一切다. 즉 일념에 모든 시간이 다 포함되고, 한 먼지에 시방세계가 다 포함되고, 한 작용에 일체의 작용이 다 포함된다. 이것은 억지로 하는 소리가 아니라 법계 존재의 존재 원리이기 때문이다.

(4) 승진과행勝進果行

요달 제불　희유광대비밀지경　선지일체
了達諸佛의 希有廣大秘密之境하며 善知一切

불　평등법　이천여래　보광명지　입어무
佛의 平等法하며 已踐如來의 普光明地하며 入於無

량 삼매 해 문
量三昧海門하시니라

제불의 희유하고 광대하고 비밀한 경계를 다 통달하며, 일체 부처님의 평등한 법을 잘 알며, 여래의 넓은

광명의 경지를 이미 다 밟으며, 한량없는 삼매 바다의 문에 들어갔습니다.

보살 대중들의 수승한 덕은 끝이 없다. "제불의 희유하고 광대하고 비밀한 경계를 다 통달하였다."고 하였다. 비밀한 경계에는 삼밀三密이라고 하여 신밀身密과 구밀口密과 의밀意密이 있다. 낱낱이 다 설명하는 것은 번잡하므로 생략한다. 부처님의 비밀한 경지는 등각보살도 모르며 오직 부처님과 부처님만이 알 수 있는 경지다. 이와 같은 비밀한 경지를 화엄회상에 동참한 보살 대중들이 모두 통달하고 있다고 찬탄하였다.

부처님의 평등한 법이란 부처님과 부처님만 평등한 것으로서 체성이 평등하여 법신이 하나이다. 지혜가 평등하며 덕에도 더하거나 덜함이 없다. 깨달으신 법이 평등하다. 곧 제일의제第一義諦다. 보살들은 이러한 점을 잘 안다.

보살들은 또한 여래의 넓은 광명의 경지를 이미 다 밟았으며, 해인삼매와 화엄삼매 등 바다와 같이 넓은 부처님의 삼매 문에 들어갔다. '동도同道라야 가지可知'라고 하였다. 부

처님의 깨달음의 내용을 설법하려는 법석에 모인 대표적인
보살들의 덕은 두말할 나위도 없이 그 수준이 부처님의 경지
와 동등할 것이다.

어일 체 처　개 수 현 신　세 법 소 행　실 동 기
於一切處에 **皆隨現身**하야 **世法所行**에 **悉同其**

사　　총 지 광 대　집 중 법 해　변 재 선 교　전
事하고 **總持廣大**하야 **集衆法海**하고 **辯才善巧**로 **轉**

불 퇴 륜
不退輪하시니라

　일체 처에 다 따라 그 몸을 나타내어 세상의 법을 행
함에 그 일을 모두 같이 하며, 총지가 광대하여 온갖 법
을 모으며, 변재가 뛰어나서 물러서지 않는 법륜을 굴
리십니다.

　보살들의 삼업三業의 능력과 그 작용을 밝혔다. 몸으로는
사섭법四攝法 가운데 동사섭이 가장 으뜸이므로 동사로써 중
생을 섭수함을 밝혔다. 마음으로는 모든 법을 다 지니고 기

억하는 힘이 광대하여 온갖 법의 바다를 다 모음을 밝혔다.
입으로는 뛰어난 변재가 있어야 사람들이 법문을 한 번만 들
어도 다시는 물러서지 않음을 밝혔다. 보살 대중들의 덕이
이와 같다.

(5) 이행무애二行無礙

일체 여래　　공덕 대해　　함입 기신　　일체 제
一切如來의 功德大海가 咸入其身하고 一切諸

불　소재 국토　개 수 원 왕　　이 중 공양 일체 제
佛의 所在國土에 皆隨願往하고 已曾供養一切諸

불　　무변 제 겁　환 희 무 권　　일체 여래　득 보
佛하야 無邊際劫에 歡喜無倦하고 一切如來의 得菩

리 처　　상 재 기 중　친 근 불 사　　항 이 소 득 보
提處에 常在其中하야 親近不捨하고 恒以所得普

현 원 해　영 일체 중생　지 신 구 족　　성 취 여
賢願海로 令一切衆生으로 智身具足케하야 成就如

시 무 량 공 덕
是無量功德하시니라

일체 여래의 공덕의 큰 바다가 그 몸에 다 들어갔으며, 일체 제불의 국토에 원력을 따라 다 가며, 이미 일찍이 일체 제불에게 공양하여 가없는 겁 동안 환희하여 게으름이 없으며, 일체 여래가 보리를 얻은 곳에 항상 있으면서 친근하며, 얻은 바 보현행원으로 항상 일체 중생들에게 지혜의 몸을 구족하게 하는 이와 같은 한량없는 공덕을 성취하였습니다.

　　화엄대법회에 동참한 모든 보살들의 수승한 덕을 찬탄하면서 끝으로 몇 가지를 더 열거하였다. 특히 "일체 제불에게 공양하여 가없는 겁 동안 환희하여 게으름이 없다."는 것은 모든 생명 모든 사람에게 언제나 부처님이라고 생각하는 마음이 변함이 없으며, 부처님이므로 항상 공양 올리고 환희하는 마음에 게으름이 없는 것이다. 보살의 덕목 중에서 가장 중요한 것이 사람에 대한 존중과 생명에 대해 존중하는 것이다. 존중하면 공양하고 찬탄하고 공경하여야 한다. 또한 보현행원으로 일체 중생들에게 지혜의 몸을 구족하게 하는 것이야말로 무엇보다 중요한 일이다. 불교는 지혜의 종

교다. 사람이 지혜를 갖춘다는 것은 마치 맹인이 눈을 뜨는 것과 같기 때문이다.

화엄법회에 동참한 수많은 보살들은 위와 같은 덕행을 갖추고 있다. 앞으로 설해질 화엄경의 내용이 얼마나 높고 얼마나 깊으며 얼마나 광대한가를 짐작케 한다. 서양의 어떤 학자는 "인류 역사상 가장 큰 사건은 세존이 깨달음을 성취한 일이고, 인류가 남긴 가장 위대한 걸작품은 그 깨달음을 남김없이 표현한 화엄경이다."라고 하였다.

2. 잡류제신중의 이름과 덕행

1) 집금강신

(1) 이름

부유불세계미진수집금강신　　소위묘색나
復有佛世界微塵數執金剛神하니 **所謂妙色那**

라연집금강신　일륜속질당집금강신　수미
羅延執金剛神과 **日輪速疾幢執金剛神**과 **須彌**

화광집금강신　청정운음집금강신　제근미
華光執金剛神과 **清淨雲音執金剛神**과 **諸根美**

묘집금강신　가애락광명집금강신　대수뇌
妙執金剛神과 **可愛樂光明執金剛神**과 **大樹雷**

음집금강신　사자왕광명집금강신　밀염승
音執金剛神과 **獅子王光明執金剛神**과 **密焰勝**

목집금강신　연화광마니계집금강신　여시
目執金剛神과 **蓮華光摩尼髻執金剛神**이라 **如是**

등　이위상수　유불세계미진수
等이 **而爲上首**하사 **有佛世界微塵數**하니라

또 세계의 미진수와 같이 많은 집금강신執金剛神이 있었습니다. 이른바 묘색나라연妙色那羅延 집금강신과 일륜속질당日輪速疾幢 집금강신과 수미화광須彌華光 집금강신과 청정운음淸淨雲音 집금강신과 제근미묘諸根美妙 집금강신과 가애락광명可愛樂光明 집금강신과 대수뇌음大樹雷音 집금강신과 사자왕광명獅子王光明 집금강신과 밀염승목密焰勝目 집금강신과 연화광마니계蓮華光摩尼髻 집금강신입니다.

이와 같은 이들이 상수가 되어 세계의 미진수와 같이 많이 있었습니다.

화엄회상의 청법 대중 가운데 앞에 등장한 보살 대중을 동생중同生衆이라 하고 집금강신부터는 이생중異生衆이라 한다. 이생중에는 39중이 있다. 잡류제신중雜類諸神衆의 19중과 팔부사왕중八部四王衆의 12중과 욕색제천중欲色諸天衆의 8중이다.

이들을 왜 신神이라고 하는가. 그 존재가 신령하여 보통 사람으로서는 그 능력을 헤아릴 수 없기 때문이다. 먼저 집금강신執金剛神은 즉 금강저金剛杵라는 무기를 손에 쥐고 있는데, 이는 위엄을 나타내기 위함이다. 부처님을 보호하고 불법을 보호하고 불법을 믿고 따르는 사부대중들을 보호하려면 험상궂은 모습에 위엄이 넘쳐나야 하기 때문이다.

대웅전의 부처님 옆면에 모셔진 신중단 탱화 중심에 금강저를 쥐고 있는 신장이 바로 집금강신이다. 그 외의 인물들이 곧 잡류제신중인 19중이거나 많이 그리면 팔부사왕중과 욕계와 색계의 제천중을 포함한 39중이다.

일반적으로는 사찰에 금강신 또는 금강신장을 많이 모신다. 금강신은 여래의 비밀 사적을 알아서 오백 야차신을 부려 현겁賢劫 천불의 법을 지킨다는 두 신을 말한다. 사찰의 문이나 또는 수미단 앞의 좌우에 세우는데, 허리에만 옷을 걸친 채 용맹스러운 모습을 하고 있다.

왼쪽은 밀적금강으로 입을 벌린 모양이며, 오른쪽은 나라연금강으로 입을 다문 모양을 하고 있다. 입을 벌린 것은 범어의 첫 글자인 "아" 자다. 시작과 태어남을 뜻한다. 어린 아이가 처음 태어날 때 "아" 하고 태어난다. 입을 다문 것은 범어의 마지막 글자인 "훔" 자다. 끝과 죽음을 뜻한다. 사람이 죽을 때는 입을 다물고 죽는다. 천왕문에 이 두 금강신이 서서 사람과 모든 존재의 처음과 끝을 설법하고 있다.

한국의 불자들이 새해를 맞이하여 정초에 반드시 화엄신중 기도를 드리는 것은 한 해 동안의 가정의 안녕을 화엄신중에게 비는 것이다. 한국불교가 신라시대 화엄의 대가인 원효스님과 의상스님의 가르침을 따르면서부터 화엄경으로써 불교사상의 토대를 마련하고 일상생활의 지침을 삼았기 때문이다.

(2) 덕행

개 어 왕 석 무 량 겁 중 항 발 대 원 원 상 친 근
皆於往昔無量劫中에 **恒發大願**하야 **願常親近**

공 양 제 불 수 원 소 행 이 득 원 만 도 어 피 안
供養諸佛일새 **隨願所行**이 **已得圓滿**하야 **到於彼岸**
하니라

이들은 모두 옛날 한량없는 겁 동안 항상 큰 서원을 세워서 모든 부처님을 항상 친근하고 공양할 것을 발원하였습니다. 서원을 따르는 행이 이미 원만해서 피안에 이르렀습니다.

부처님을 수호하는 화엄신장의 덕행을 열 가지로써 밝혔는데 먼저 두 가지가 서원誓願이다. 오랜 옛날부터 부처님을 친근하고 공양하기를 서원하였다. 그 서원이 원만하게 성취되어 피안에 이르렀다. 화엄신장이 피안에 이르렀다는 것은 그들의 소원인 부처님을 친근하고 공양하는 서원이 성취되었음을 뜻한다.

적 집 무 변 청 정 복 업   어 제 삼 매 소 행 지 경
積集無邊淸淨福業하며 於諸三昧所行之境을
실 이 명 달
悉已明達하니라

가없는 청정한 복업을 쌓았으며, 모든 삼매로써 행할 바의 경계를 다 이미 밝게 통달하였습니다.

다음의 두 가지는 가없는 청정한 복업福業을 쌓은 것과 삼매로써 행할 바의 경계를 밝게 통달한 것이다. 먼저 청정한 복업을 쌓는 것이란 불교가 지향하는 바다. 복에는 청복淸福이 있고 탁복濁福이 있다. 세속적 부귀공명을 누리는 것을

탁한 복이라고 한다면 인생의 참다운 가치관에 의하여 성인의 가르침대로 바르고 참된 이치를 배우고 그를 실천하는 인연을 청정한 복이라 한다. 화엄성중들이 이러한 청정한 복을 쌓았다는 것은 당연한 의무이리라. 화엄경을 공부하는 일은 청복 중에서 가장 훌륭한 청복이다.

삼매로써 행할 바의 경계를 밝게 통달하였다는 것은 사람이 하는 모든 일에는 그 일을 실천하기 전에 먼저 안정된 정신 상태를 유지하여 해야 할 일에 대해서 깊이 명상하고 사유하는 것이 선행되어야 한다는 점을 밝힌 것이다. 부처님을 수호하는 화엄신장이 이와 같은 자세가 없다면 어찌 부처님을 바르게 수호할 수 있겠는가.

획 신 통 력　　　수 여 래 주　　　입 부 사 의 해 탈 경
獲神通力하야 **隨如來住**하며 **入不思議解脫境**
계
界하니라

신통력을 얻어서 여래를 따라 머물며, 불가사의한 해탈의 경계에 들어갔습니다.

대통령을 밀착 경호하는 사람들은 무술 실력이 남달라야 하며 항상 대통령과 1미터 주위에 있어야 하듯이 부처님을 수호하는 화엄신장은 언제나 부처님과 함께 머물러야 한다. 또한 보통 사람들이 짐작할 수 없는 불가사의한 실력이 있어야 지키고 보호하는 의무를 다하리라.

處_처於_어衆_중會_회하야 威_위光_광特_특達_달하며 隨_수諸_제衆_중生_생의 所_소應_응
現_현身_신하야 而_이示_시調_조伏_복하며

대중들이 모인 법회에 있으면서 위엄스러운 빛이 특별히 뛰어났으며, 모든 중생들에게 알맞은 바를 따라서 몸을 나타내어 조복함을 보입니다.

화엄신장들은 탱화에서 보았듯이 그 위엄과 광명이 특별히 뛰어나다. 그러면서 모든 중생들을 따라서 혹은 자비로써 혹은 위엄으로써 교화할 사람은 교화하고 조복할 사람은 조복한다. 이것은 화엄신장들의 의무며 책임이다.

일 체 제 불 화 형 소 재　　개 수 화 왕　　일 체 여 래
一切諸佛化形所在에 皆隨化往하며 一切如來

소 주 지 처　　상 근 수 호
所住之處에 常勤守護하니라

　또 일체 제불의 변화한 형상이 있는 곳에는 다 따라
변화하여 가며, 일체 여래가 머무는 곳을 항상 부지런
히 수호합니다.

　화엄신장들은 심지어 변화한 부처님의 형상이 있는 곳까
지 그들도 역시 변화하여 간다. 일체 여래가 계시는 곳에서
항상 부지런히 지키고 보호하는 것이 화엄신장들의 의무며
책임이다. 그런데 어찌 불교를 믿는 사람으로서 화엄신장에
대한 예경과 기도를 올리지 않겠는가. 그러므로 화엄신장들
은 불자들에게 오랜 세월 동안 신앙의 대상이 되어 온 것이
다. 여기까지 집금강신의 이름과 그 덕행을 살펴보았다.

2) 신중신

부유불세계미진수신중신   소위화계장엄
復有佛世界微塵數身衆神하니 所謂華髻莊嚴

신중신   광조시방신중신   해음조복신중신
身衆神과 光照十方身衆神과 海音調伏身衆神과

정화엄계신중신   무량위의신중신   최상광
淨華嚴髻身衆神과 無量威儀身衆神과 最上光

엄신중신   정광향운신중신   수호섭지신중
嚴身衆神과 淨光香雲身衆神과 守護攝持身衆

신   보현섭취신중신   부동광명신중신   여
神과 普現攝取身衆神과 不動光明身衆神이라 如

시등   이위상수   유불세계미진수   개어
是等이 而爲上首하사 有佛世界微塵數하니 皆於

왕석   성취대원   공양승사일체제불
往昔에 成就大願하야 供養承事一切諸佛하시니라

다시 또 세계의 미진수와 같이 많은 신중신身衆神이
있었습니다. 그들의 이름은 화계장엄華髻莊嚴 신중신과 광
조시방光照十方 신중신과 해음조복海音調伏 신중신과 정화
엄계淨華嚴髻 신중신과 무량위의無量威儀 신중신과 최상광엄
最上光嚴 신중신과 정광향운淨光香雲 신중신과 수호섭지守護

攝持 신중신과 보현섭취普現攝取 신중신과 부동광명不動光明 신중신이었습니다. 이와 같은 이들이 상수가 되어 세계의 미진수와 같이 많은 신중신들이 있었습니다.

이들은 모두 지난 옛적에 큰 서원을 성취해서 일체 모든 부처님을 공양하고 받들어 섬겼습니다.

화엄회상의 바다와 같은 대중 중에 이생중異生衆이 39중이 있다고 하였다. 그중에 두 번째 신중신身衆神이다. 모든 생명 있는 것은 그 몸 자체가 여러 부분으로 되어 있으며, 또한 지수화풍 등의 온갖 요소와 무수한 세포 등 여러 가지[衆]로 구성되어 이뤄졌다. 그러므로 어떤 몸이든 몸 그 자체가 그대로 신령하여 보통 사람으로서는 그 능력과 그 세계를 헤아릴 수 없기 때문에 신이라 한 것이다. 실로 사람의 몸을 위시하여 모든 생명 있는 것들은 그 자체가 신묘불가사의하다. 어찌 신이 아니겠는가.

앞서 보살 대중과 집금강신들의 덕행에 대해서는 매우 길게 설명하였다. 신중신부터는 그 덕행에 대한 찬탄을 매우 짧게 설명하고 만다. "이들은 모두 지난 옛적에 큰 서원을 성취해서 일체 모든 부처님을 공양하고 받들어 섬겼다."라고 하였는데 부처님이 누구인지 제대로 아는 신이라면 부처님을 받들어 섬기고 공양하려는 서원을 세웠을 것이며, 그 서원은 마땅히 성취되었을 것이다.

3) 족행신

부유불세계미진수족행신　소위보인수족
復有佛世界微塵數足行神하니 所謂寶印手足

행신　연화광족행신　청정화계족행신　섭
行神과 蓮華光足行神과 淸淨華髻足行神과 攝

제선견족행신　묘보성당족행신　낙토묘음
諸善見足行神과 妙寶星幢足行神과 樂吐妙音

족행신　전단수광족행신　연화광명족행신
足行神과 栴檀樹光足行神과 蓮華光明足行神과

미묘광명족행신　적집묘화족행신　여시등
微妙光明足行神과 積集妙華足行神이라 如是等

이위상수　유불세계미진수　개어과거
이 而爲上首하사 有佛世界微塵數하니 皆於過去

무량겁중　친근여래　　수축불사
無量劫中에 **親近如來**하야 **隨逐不捨**하시니라

　다시 또 세계의 미진수와 같이 많은 족행신足行神이 있었습니다. 그들의 이름은 보인수寶印手 족행신과 연화광蓮華光 족행신과 청정화계淸淨華髻 족행신과 섭제선견攝諸善見 족행신과 묘보성당妙寶星幢 족행신과 낙토묘음樂吐妙音 족행신과 전단수광栴檀樹光 족행신과 연화광명蓮華光明 족행신과 미묘광명微妙光明 족행신과 적집묘화積集妙華 족행신이었습니다. 이와 같은 이들이 상수가 되어 세계의 미진수와 같이 많은 족행신들이 있었습니다.

　이들은 모두 과거 한량없는 겁劫 동안에 여래를 친근하여 따라다니며 떠난 적이 없었습니다.

　족행신足行神이란 아무래도 발로써 어디론가 걸어 다니는 일을 뜻하리라. 옛날부터 사찰에서는 한 곳에 가만히 있지 않고 여러 곳을 잘 돌아다니는 사람을 보고 "족행신이 들렸다."라고 하였다. 사람이나 다른 동물이나 움직이며 옮겨 다니는 일은 매우 중요하여 길을 나갈 때는 자신이 믿는 신에게 기도를 드리고 떠난다. 요즘에는 교통이 편리한 대신

위험도 많아져서 진실로 다니는 일을 더욱 신격화하고 신성시해야 할 것이다. 그러므로 발로 걸어 다니는 일 그 자체가 곧 신이다. 차를 타거나 비행기를 타고 여행을 하는 것도 역시 신의 일이다.

덕행을 밝히는 내용에 "한량없는 겁劫 동안에 여래를 친근하여 따라다니며 떠난 적이 없었다."라고 하였다. 다니는 일 그 자체이므로 여래가 가는 곳이라면 어디든지 따라다니는 것이 이들 족행신의 덕행이다.

4) 도량신

부유불세계미진수도량신 소위정장엄당
復有佛世界微塵數道場神하니 所謂淨莊嚴幢

도량신 수미보광도량신 뇌음당상도량신
道場神과 須彌寶光道場神과 雷音幢相道場神과

우화묘안도량신 화영광계도량신 우보장
雨華妙眼道場神과 華纓光髻道場神과 雨寶莊

엄도량신 용맹향안도량신 금강채운도량
嚴道場神과 勇猛香眼道場神과 金剛彩雲道場

신　연화광명도량신　묘광조요도량신　　여
神과 蓮華光明道場神과 妙光照耀道場神이라 如

시등　이위상수　　유불세계미진수　　개어과
是等이 而爲上首하사 有佛世界微塵數하니 皆於過

거　치무량불　　성취원력　　광흥공양
去에 値無量佛하야 成就願力하야 廣興供養하시니라

　다시 또 세계의 미진수와 같이 많은 도량신道場神이
있었습니다. 그들의 이름은 정장엄당淨莊嚴幢 도량신과 수
미보광須彌寶光 도량신과 뇌음당상雷音幢相 도량신과 우화
묘안雨華妙眼 도량신과 화영광계華纓光髻 도량신과 우보장엄
雨寶莊嚴 도량신과 용맹향안勇猛香眼 도량신과 금강채운金剛
彩雲 도량신과 연화광명蓮華光明 도량신과 묘광조요妙光照耀
도량신이었습니다. 이와 같은 이들이 상수가 되어 세계
의 미진수와 같이 많은 도량신이 있었습니다.

　이들은 모두 과거에 한량없는 부처님을 만나서 원력
을 성취하여 공양을 널리 일으켰습니다.

　도량신이란 부처님의 도량을 의지하며 지키고 수호하는
신이다. 화엄경의 안목으로 보면 일체 처가 부처님의 도량

아닌 곳이 없기 때문에 모든 사람 모든 생명 모든 존재가 있는 곳은 다 도량이다. 그 모든 도량을 지키고 수호하는 신이다. 그러므로 모든 생활환경을 아름답게 잘 가꾸고 보호하여 모든 사람들이 환희심이 나도록 하면 언제나 도량신의 보호를 받을 것이다. 이들 도량신은 과거에 한량없는 부처님을 만나서 원력을 세웠다. 도량을 지키며 부처님께 공양하며 살리라는 것이 곧 그 원력이다.

5) 주성신

부유불세계미진수주성신   소위보봉광요
復有佛世界微塵數主城神하니 所謂寶峯光耀

주성신   묘엄궁전주성신   청정희보주성신
主城神과 妙嚴宮殿主城神과 清淨喜寶主城神과

이우청정주성신   화등염안주성신   염당명
離憂清淨主城神과 華燈焰眼主城神과 焰幢明

현주성신   성복광명주성신   청정광명주성
現主城神과 盛福光明主城神과 清淨光明主城

신   향계장엄주성신   묘보광명주성신   여
神과 香髻莊嚴主城神과 妙寶光明主城神이라 如

시 등   이 위 상 수   유 불 세 계 미 진 수   개 어
是等이 而爲上首하사 有佛世界微塵數하니 皆於

무 량 부 사 의 겁   엄 정 여 래   소 거 궁 전
無量不思議劫에 嚴淨如來의 所居宮殿하시니라

　다시 또 세계의 미진수와 같이 많은 주성신主城神이
있었습니다. 그들의 이름은 보봉광요普峯光耀 주성신과 묘
엄궁전妙嚴宮殿 주성신과 청정희보淸淨喜寶 주성신과 이우
청정離憂淸淨 주성신과 화등염안華燈焰眼 주성신과 염당명
현焰幢明現 주성신과 성복광명盛福光明 주성신과 청정광명淸
淨光明 주성신과 향계장엄香髻莊嚴 주성신과 묘보광명妙寶光
明 주성신이었습니다. 이와 같은 이들이 상수가 되어 세
계의 미진수와 같이 많은 주성신이 있었습니다.

　이들은 모두 한량없는 부사의 겁 동안 여래께서 거
처하시는 궁전을 청정하게 장엄하였습니다.

　주성신主城神이란 부처님의 궁전이 있는 성을 맡아서 장엄
하고 수호하는 신이다. 나아가서 법의 성과 마음의 성을 맡
아서 수호하는 의미를 가진다. 부처님과 법과 마음은 근본
적으로 동일하기 때문이다. 그러면서 현실적으로는 사람이

사는 국토와 도시와 읍과 마을과 촌락까지도 모두 맡아서 수호하는 신이라는 뜻이 있다. 또한 사람이 사는 국토와 도시와 읍과 마을과 촌락 그 자체가 모두 신이다. 어찌 지키고 사랑하며 가꾸지 않겠는가. 마치 신을 섬기듯이 해야 할 것이다.

6) 주지신

부유불세계미진수주지신　　소위보덕정화
復有佛世界微塵數主地神하니 **所謂普德淨華**

주지신　견복장엄주지신　묘화엄수주지신
主地神과 **堅福莊嚴主地神**과 **妙華嚴樹主地神**과

보산중보주지신　정목관시주지신　묘색승
普散衆寶主地神과 **淨目觀時主地神**과 **妙色勝**

안주지신　향모발광주지신　열의음성주지
眼主地神과 **香毛發光主地神**과 **悅意音聲主地**

신　묘화선계주지신　금강엄체주지신　여
神과 **妙華旋髻主地神**과 **金剛嚴體主地神**이라 **如**

시등　이위상수　유불세계미진수　개어
是等이 **而爲上首**하사 **有佛世界微塵數**하니 **皆於**

왕석　　발심중원　　　원상친근제불여래　　　동
往昔에 **發深重願**호대 **願常親近諸佛如來**하야 **同**

수복업
修福業하시니라

　　다시 또 세계의 미진수와 같이 많은 주지신主地神이
있었습니다. 그들의 이름은 보덕정화普德淨華 주지신과 견
복장엄堅福莊嚴 주지신과 묘화엄수妙華嚴樹 주지신과 보산
중보普散衆寶 주지신과 정목관시淨目觀時 주지신과 묘색승
안妙色勝眼 주지신과 향모발광香毛發光 주지신과 열의음성悅
意音聲 주지신과 묘화선계妙華旋髻 주지신과 금강엄체金剛嚴
體 주지신이었습니다. 이와 같은 이들이 상수가 되어 세
계의 미진수와 같이 많은 주지신이 있었습니다.

　　이들은 모두 지난 옛적에 깊고 무거운 서원을 발해서 항
상 모든 부처님을 친근하여 함께 복업 닦기를 서원하였습
니다.

　　주지신主地神이란 땅을 맡은 신이다. 마음의 땅을 나타내
기도 한다. 현실적으로는 땅이라는 그 자체의 신성神性을 뜻
한다. 땅이 얼마나 소중한가. 땅 없이 존재하는 것이란 없

다. 실로 땅은 그 자체만으로 보살이요, 부처님이요, 신이

다. 땅을 맡은 신이 우리를 보호해 주지 않으면 우리는 한

순간도 존재할 수가 없다는 사실을 알아서 신을 섬기듯이

섬기고 보호하며 가꿔야 할 것이다.

7) 주산신

부유무량주산신　　소위보봉개화주산신
復有無量主山神하니 **所謂寶峯開華主山神**과

화림묘계주산신　고당보조주산신　이진정계
華林妙髻主山神과 **高幢普照主山神**과 **離塵淨髻**

주산신　광조시방주산신　대력광명주산신
主山神과 **光照十方主山神**과 **大力光明主山神**과

위광보승주산신　미밀광륜주산신　보안현견
威光普勝主山神과 **微密光輪主山神**과 **普眼現見**

주산신　금강밀안주산신　　여시등　이위상
主山神과 **金剛密眼主山神**이라 **如是等**이 **而爲上**

수　　기수무량　　개어제법　득청정안
首하사 **其數無量**하니 **皆於諸法**에 **得淸淨眼**하시니라

다시 또 한량없는 주산신主山神이 있었습니다. 그들의 이름은 보봉개화寶峯開華 주산신과 화림묘계華林妙髻 주산신과 고당보조高幢普照 주산신과 이진정계離塵淨髻 주산신과 광조시방光照十方 주산신과 대력광명大力光明 주산신과 위광보승威光普勝 주산신과 미밀광륜微密光輪 주산신과 보안현견普眼現見 주산신과 금강밀안金剛密眼 주산신이었습니다. 이와 같은 이들이 상수가 되어 그 수가 한량없었습니다.

다 모든 법에 청정한 눈을 얻었습니다.

주산신主山神이란 산을 맡은 신이다. 산신, 산왕대신, 산신령이라고도 부른다. 산신당에 예배를 드릴 때 만덕고승萬德高勝 성개한적性皆閑寂 산왕대신이라고 일컫는다. 산은 높고 수승한 수많은 덕을 함유하고 있으며 그 성품은 한적하다. 부동不動의 자세로 언제나 그 자리에 그렇게 있기 때문이다. 산의 덕을 찬탄하려면 아마 끝이 없을 것이다. 그래서 등산가들은 "산이 거기에 있기 때문에 오른다."라고 하였다. 오르기만 할 것이 아니라 잘 가꾸고 지키며 보호하여야 할 것이다. 덕을 찬탄하는 말에 "모든 법에 청정한 눈을 얻었다."

라고 하였는데 산에 높이 올라가면 시야가 툭 트여서 멀리 까지 바라볼 수 있기 때문이리라.

8) 주림신

부유불가사의수주림신　　소위포화여운주
復有不可思議數主林神하니 **所謂布華如雲主**

림신　탁간서광주림신　생아발요주림신　길
林神과 **擢幹舒光主林神**과 **生芽發耀主林神**과 **吉**

상정엽주림신　수포염장주림신　청정광명주
祥淨葉主林神과 **垂布焰藏主林神**과 **淸淨光明主**

림신　가의뇌음주림신　광향보변주림신　묘
林神과 **可意雷音主林神**과 **光香普徧主林神**과 **妙**

광형요주림신　화과광미주림신　　여시등
光逈曜主林神과 **華果光味主林神**이라 **如是等**이

이위상수　부사의수　개유무량가애광명
而爲上首하사 **不思議數**라 **皆有無量可愛光明**하시니라

　　다시 또 불가사의한 수의 주림신主林神이 있었습니다.

그들의 이름은 포화여운布華如雲 주림신과 탁간서광擢幹舒光

주림신과 생아발요生芽發耀 주림신과 길상정엽吉祥淨葉 주

림신과 수포염장垂布焰藏 주림신과 청정광명淸淨光明 주림신과 가의뇌음可意雷音 주림신과 광향보변光香普徧 주림신과 묘광형요妙光迴曜 주림신과 화과광미華果光味 주림신이었습니다. 이와 같은 이들이 상수가 되어 불가사의한 수였습니다.

모두 다 한량없이 많은 사랑할 만한 광명을 지녔습니다.

주림신主林神이란 숲을 맡아 지키고 보호하는 신이다. 숲은 산소를 생산하여 모든 생명을 살리는 역할을 한다. 숲이 없는 사막이나 민둥산을 상상해 보라. 얼마나 삭막한가. 생명체가 존재할 수 없는 곳이다. 숲이 있어서 산소가 있고 숲이 있어서 물이 있고 수많은 동식물이 숲에 머물며 삶을 영위해 간다. 숲은 곧 생명이다. 따라서 숲은 보살이며, 부처님이며, 신이다. 어찌 지키고 보호하며 존경하여 받들지 않을 수 있겠는가. 숲의 덕을 찬탄하는 말에 "한량없이 많은 사랑할 만한 광명을 지녔다."라고 하였다. 길을 가다가 숲을 만나면 마음이 푸근해진다. 쉬고 싶어진다. 애착이 절로 솟는다. 그 숲속에다 토굴 하나 짓고 싶어진다.

9) 주약신

부유무량주약신　　소위길상주약신　　전단
復有無量主藥神하니 所謂吉祥主藥神과 栴檀

림주약신　　청정광명주약신　　명칭보문주약
林主藥神과 淸淨光明主藥神과 名稱普聞主藥

신　　모공광명주약신　　보치청정주약신　　대발
神과 毛孔光明主藥神과 普治淸淨主藥神과 大發

후성주약신　　폐일광당주약신　　명견시방주
吼聲主藥神과 蔽日光幢主藥神과 明見十方主

약신　　익기명목주약신　　　여시등　　이위상수
藥神과 益氣明目主藥神이라 如是等이 而爲上首

기수무량　　성개이구　　인자우물
하사 其數無量하니 性皆離垢하야 仁慈祐物하시니라

다시 또 한량없는 주약신主藥神이 있었습니다. 그들의
이름은 길상吉祥 주약신과 전단림栴檀林 주약신과 청정광
명淸淨光明 주약신과 명칭보문名稱普聞 주약신과 모공광명毛
孔光明 주약신과 보치청정普治淸淨 주약신과 대발후성大發吼聲
주약신과 폐일광당蔽日光幢 주약신과 명견시방明見十方 주
약신과 익기명목益氣明目 주약신이었습니다. 이와 같은 이
들이 상수가 되어 그 수가 한량이 없었습니다.

성품에는 모두 다 때를 여의어서 인자함으로써 중생을 돕습니다.

주약신主藥神이란 병고를 치료하는 약을 맡은 신이다. 병에 응하여 약을 준다는 부처님의 말씀처럼 법의 약을 뜻하기도 하지만 현실에서의 약도 법의 약에 못지않다. 육신의 병을 치료하는 것이나 마음의 병을 치료하는 것이나 모두가 약이다. 불교에는 약사여래藥師如來도 있고 약왕보살藥王菩薩도 있다. 몸도 마음도 병이 들면 모두가 약으로써 고친다. 그렇다면 약이란 얼마나 소중한 것인가. 그래서 약은 곧 보살이며 부처님이며 신이다. 약을 잘 연구하고, 약을 잘 활용하여 신인 약으로써 세상의 모든 병고를 다 치료하여야 할 것이다. 병고로써 고통 받는 사람이 한 사람도 없다면 얼마나 좋겠는가.

10) 주가신

부 유 무 량 주 가 신　　소 위 유 연 승 미 주 가 신
復有無量主稼神하니 所謂柔軟勝味主稼神과

시 화 정 광 주 가 신　색 력 용 건 주 가 신　　증 장 정 기
時華淨光主稼神과　色力勇健主稼神과　增長精氣

주 가 신　보 생 근 과 주 가 신　묘 엄 환 계 주 가 신
主稼神과　普生根果主稼神과　妙嚴環髻主稼神과

윤 택 정 화 주 가 신　성 취 묘 향 주 가 신　　견 자 애
潤澤淨華主稼神과　成就妙香主稼神과　見者愛

락 주 가 신　이 구 정 광 주 가 신　　여 시 등　이 위
樂主稼神과　離垢淨光主稼神이라　如是等이　而爲

상 수　기 수 무 량　막 불 개 득 대 희 성 취
上首하사　其數無量하니　莫不皆得大喜成就하시니라

　　다시 또 한량없는 주가신主稼神이 있었습니다. 그들의
이름은 유연승미柔軟勝味 주가신과 시화정광時華淨光 주가
신과 색력용건色力勇健 주가신과 증장정기增長精氣 주가신
과 보생근과普生根果 주가신과 묘엄환계妙嚴環髻 주가신과
윤택정화潤澤淨華 주가신과 성취묘향成就妙香 주가신과 견
자애락見者愛樂 주가신과 이구정광離垢淨光 주가신이었습니
다. 이와 같은 이들이 상수가 되어 그 수가 한량이 없었
습니다.

　　모두가 다 큰 환희를 성취하였습니다.

주가신主稼神이란 농사를 맡은 신이다. 원시사회에서나 오늘날과 같이 발달한 문명사회에서나 사람이 살아가는 데 영원히 변함없이 가장 필요하고 가장 중요한 것이 또한 농사다. 어찌 신이 아니겠는가. 어찌 보살이 아니겠는가. 어찌 부처님이 아니겠는가. 사람은 농사를 통해서 음식을 섭취하고 음식으로 인하여 육신이 건강해지고 정기가 증장해져서 일상의 삶을 영위하는 데 장애가 없게 된다. 덕을 찬탄하는 글에 "큰 환희를 성취하였다."고 하였다. 실로 큰 기쁨은 농사다. 잘 지키고 보호하며 사랑하고 받들어 섬겨야 할 것이다.

11) 주하신

부유무량주하신   소위보발신류주하신
復有無量主河神하니 所謂普發迅流主河神과

보결천간주하신   이진정안주하신   시방변후
普潔泉澗主河神과 離塵淨眼主河神과 十方徧吼

주하신   구호중생주하신   무열정광주하신
主河神과 救護衆生主河神과 無熱淨光主河神과

보생환희주하신 광덕승당주하신 광조보세
普生歡喜主河神과 廣德勝幢主河神과 光照普世

주하신 해덕광명주하신 여시등 이위상
主河神과 海德光明主河神이라 如是等이 而爲上

수 유무량수 개근작의 이익중생
首하사 有無量數하니 皆勤作意하야 利益衆生하시니라

다시 또 한량없는 주하신主河神이 있었습니다. 그들
의 이름은 보발신류普發迅流 주하신과 보결천간普潔泉澗 주
하신과 이진정안離塵淨眼 주하신과 시방변후十方徧吼 주하
신과 구호중생救護衆生 주하신과 무열정광無熱淨光 주하신
과 보생환희普生歡喜 주하신과 광덕승당廣德勝幢 주하신과
광조보세光照普世 주하신과 해덕광명海德光明 주하신이었습
니다. 이와 같은 이들이 상수가 되어 한량없는 수가 있
었습니다.

모두가 부지런히 뜻을 내어 중생들을 이익하게 하였
습니다.

주하신主河神이란 강과 하천을 맡은 신이다. 지구상에는
크고 작은 강과 하천들이 있다. 강이나 하천들은 모두가 물

이 흘러가는 물길이다. 그 강이나 하천들이 있으므로 비가 아무리 내려도 크게 범람하지 않으면서 논과 밭에 물을 대어 주면서 곡식을 자라게 하고 사람과 동물들이 식수로 이용하여 생명을 유지하게 된다. 또한 배가 물건과 사람을 싣고 멀리까지 운반할 수 있게도 한다. 이것 모두가 주하신이 하는 일이다. 강과 하천의 역할을 깊이 살펴보면 참으로 보살이며 부처님이며 신이다. 화엄회상의 대중에는 당연히 동참해야 할 신이며, 역시 우주만유의 일원으로 화엄바다를 이루고 있다. 덕을 찬탄하는 글에 "부지런히 뜻을 내어 중생들을 이익하게 한다."라는 것은 불을 보듯 밝은 이치다.

12) 주해신

부유무량주해신　　　소위출현보광주해신
復有無量主海神하니 **所謂出現寶光主海神**과

성금강당주해신　　　원리진구주해신　　　보수궁
成金剛幢主海神과 **遠離塵垢主海神**과 **普水宮**

전주해신　　　길상보월주해신　　　묘화용계주해
殿主海神과 **吉祥寶月主海神**과 **妙華龍髻主海**

신　보지광미주해신　보염화광주해신　금 강
神과 普持光味主海神과 寶焰華光主海神과 金剛

묘 계 주 해 신　해 조 뇌 음 주 해 신　　여 시 등　이
妙髻主海神과 海潮雷音主海神이라　如是等이 而

위 상 수　　기 수 무 량　　실 이 여 래 공 덕 대 해
爲上首하사　其數無量하니　悉以如來功德大海로

충 만 기 신
充滿其身하시니라

　　다시 또 한량없는 주해신主海神이 있었습니다. 그들의
이름은 출현보광出現寶光 주해신과 성금강당成金剛幢 주해
신과 원리진구遠離塵垢 주해신과 보수궁전普水宮殿 주해신
과 길상보월吉祥寶月 주해신과 묘화용계妙華龍髻 주해신과
보지광미普持光味 주해신과 보염화광寶焰華光 주해신과 금
강묘계金剛妙髻 주해신과 해조뇌음海潮雷音 주해신이었습니
다. 이와 같은 이들이 상수가 되어 그 수가 한량이 없었
습니다.

　　모두 여래 공덕의 큰 바다로써 그 몸을 충만하게 하
였습니다.

　　주해신主海神이란 바다를 맡은 신이다. 우리가 사는 지구

면적의 7할이 바다다. 바다에는 온갖 것이 다 있다. 만덕을 함유하고 있음을 뜻하기도 한다. 또 불숙사시不宿死屍라고 하여 바다는 죽은 시체를 머물러 두지 않는다. 언제나 정화의 기능을 가지고 있다. 바다에는 용도 있고 용궁도 있다. 보물도 무궁무진하다. 그뿐만 아니라 무수한 생명들이 바다를 근거지로 하여 살아가고 있다. 육지 위의 모든 생명들도 실은 바다에서 수증기가 증발하여 다시 구름이 되고 비가 되어 뿌려 주는 덕분에 살아가고 있다. 어찌 바다의 무한한 덕을 짧은 필설로 표현하랴. 그러므로 바다는 진정 살아 있는 보살이며 부처님이며 신이다. 아니 그 이상이다. 덕을 찬탄하는 글에 "여래 공덕의 큰 바다로서 그 몸을 충만하게 하였다."라고 하였다. 그렇다. 바로 여래의 공덕 그 자체다.

13) 주수신

부유무량주수신　　소위보흥운당주수신
復有無量主水神하니　所謂普興雲幢主水神과

해조운음주수신　　묘색륜계주수신　　선교선
海潮雲音主水神과　妙色輪髻主水神과　善巧漩

복주수신　이구향적주수신　복교광음주수
濆主水神과　離垢香積主水神과　福橋光音主水

신　지족자재주수신　정희선음주수신　보현
神과　知足自在主水神과　淨喜善音主水神과　普現

위광주수신　후음변해주수신　여시등　이
威光主水神과　吼音徧海主水神이라　如是等이　而

위상수　기수무량　상근구호일체중생
爲上首하사　其數無量하니　常勤救護一切衆生하야

이위이익
而爲利益하시니라

　　다시 또 한량없는 주수신主水神이 있었습니다. 그들의
이름은 보흥운당普興雲幢 주수신과 해조운음海潮雲音 주수
신과 묘색륜계妙色輪髻 주수신과 선교선복善巧漩澓 주수신과
이구향적離垢香積 주수신과 복교광음福橋光音 주수신과 지
족자재知足自在 주수신과 정희선음淨喜善音 주수신과 보현
위광普現威光 주수신과 후음변해吼音徧海 주수신이었습니다.
이와 같은 이들이 상수가 되어 그 수가 한량이 없었습
니다.

　　항상 부지런히 일체 중생을 구호해서 이익하게 하였
습니다.

주수신主水神이란 물을 맡은 신이다. 사람 몸의 7할이 물이며 지구도 7할이 물이다. 모든 생명의 근원이 물이다. 위에서 설명한 강과 하천과 바다와 비와 이슬과 서리와 눈도 그 근원은 다 물이다. 심지어 피와 고름과 대소변까지도 모두 물이다. 그 중요성을 일러 무엇하겠는가.

모두가 화장장엄의 큰 바다 대중으로 화엄회상에 동참하고 있다. 그러므로 물로 형성된 우리는 이 몸 그대로 화엄경이다. 저 드넓은 바다의 그 많은 물이 모두가 화엄경이다. 강물도 하천의 물도 모두가 화엄경이다. 세차게 내리는 여름날의 폭우도 역시 화엄경이다. 있으라는 이슬비도 가라는 가랑비도 역시 화엄경이다. 찬탄의 글에 "부지런히 일체 중생을 구호해서 이익하게 하였다."라고 하였다. 실로 물 보살이며, 물 부처님이며, 물 신이다.

14) 주화신

부 유 무 수 주 화 신   소 위 보 광 염 장 주 화 신
復有無數主火神하니 所謂普光焰藏主火神과

보집광당주화신　　대광보조주화신　　중묘궁
普集光幢主火神과　大光普照主火神과　衆妙宮

전주화신　　무진광계주화신　　종종염안주화
殿主火神과　無盡光髻主火神과　種種焰眼主火

신　　시방궁전여수미산주화신　　위광자재주
神과　十方宮殿如須彌山主火神과　威光自在主

화신　　광명파암주화신　　뇌음전광주화신
火神과　光明破闇主火神과　雷音電光主火神이라

여시등　　이위상수　　불가칭수　　개능시현종
如是等이　而爲上首하사　不可稱數라　皆能示現種

종광명　　영제중생　　열뇌제멸
種光明하야　令諸衆生으로　熱惱除滅게하시니라

　　다시 또 무수히 많은 주화신主火神이 있었습니다. 그
들의 이름은 보광염장普光焰藏 주화신과 보집광당普集光幢
주화신과 대광보조大光普照 주화신과 중묘궁전衆妙宮殿 주
화신과 무진광계無盡光髻 주화신과 종종염안種種焰眼 주화신
과 시방궁전여수미산十方宮殿如須彌山 주화신과 위광자재威
光自在 주화신과 광명파암光明破闇 주화신과 뇌음전광雷音電
光 주화신이었습니다. 이와 같은 이들이 상수가 되어 헤
아릴 수 없이 많은 수였습니다.

모두 다 가지가지 광명을 나타내어서 모든 중생들로
하여금 뜨거운 번뇌를 소멸하게 하였습니다.

　　주화신主火神이란 불을 맡은 신이다. 불의 특징은 열기와
빛이다. 열기와 빛은 또 사물을 움직이게 하는 힘을 만들어
내기도 한다. 빛은 세상의 모든 어둠을 깨뜨려서 광명천지
로 변화시킨다. 또 불교에서 어둠이 어리석음을 상징한다면
빛은 항상 지혜를 상징한다. 무명의 어둠을 지혜의 불로 깨
뜨려 버리고, 번뇌의 섶을 지혜의 불로써 다 태워 버린다. 세
상사에서도 불의 특별한 장점은 무수하다. 열기가 없으면
성숙하지 않는다. 사물이나 곡식이나 사람이나 모두가 열
기로써 성숙한다. 사람은 곡식을 익혀 먹고 식물을 익혀 먹
으면서 생명을 유지한다. 열기가 없는 땅에는 생명이 없다.
그래서 불은 곧 보살이다. 부처님이다. 신이다. 불의 고마움
을 깊이 이해해서 받들어 섬겨야 한다. 찬탄하는 글에는 "가
지가지 광명을 나타내어서 모든 중생들로 하여금 뜨거운 번
뇌를 소멸하게 한다."라고 하였다.

15) 주풍신

부유무량주풍신　　소위무애광명주풍신
復有無量主風神하니 所謂無礙光明主風神과

보현용업주풍신　표격운당주풍신　정광장엄
普現勇業主風神과 飄擊雲幢主風神과 淨光莊嚴

주풍신　역능갈수주풍신　대성변후주풍신
主風神과 力能竭水主風神과 大聲徧吼主風神과

수초수계주풍신　소행무애주풍신　종종궁
樹杪垂髻主風神과 所行無礙主風神과 種種宮

전주풍신　대광보조주풍신　여시등　이위
殿主風神과 大光普照主風神이라 如是等이 而爲

상수　　기수무량　　개근산멸아만지심
上首하사 其數無量하니 皆勤散滅我慢之心하시니라

다시 또 한량없는 주풍신主風神이 있었습니다. 그들의
이름은 무애광명無礙光明 주풍신과 보현용업普現勇業 주풍
신과 표격운당飄擊雲幢 주풍신과 정광장엄淨光莊嚴 주풍신
과 역능갈수力能竭水 주풍신과 대성변후大聲徧吼 주풍신과
수초수계樹杪垂髻 주풍신과 소행무애所行無礙 주풍신과 종종
궁전種種宮殿 주풍신과 대광보조大光普照 주풍신이었습니
다. 이와 같은 이들이 상수가 되어 그 수가 한량이 없었

습니다.

모두 부지런히 아만심我慢心을 흩어서 소멸하였습니다.

주풍신主風神이란 바람을 주관하는 신이다. 사람의 몸과
세상의 물질을 구성하고 있는 네 가지 요소 중에 바람이 있
다. 모든 움직임은 바람 신의 힘이다. 바람이나 사물의 움직
임은 그 사물이 움직였을 때 비로소 느끼는 것이다. 이렇듯
보이지도 않고 들리지도 않지만 바람의 역할은 우주만유가
존재하는 데 없어서는 안 될 중요한 요소다. 실로 바람 보
살이며, 바람 부처님이며, 바람 신이다. 인도의 뜨거운 대지
위를 걷고 있는데 어디선가 불어오는 한 줄기의 시원한 바람
은 천금과도 맞먹는다. 어찌 화엄회상을 장엄한 당당한 동
참 대중이 아니겠는가.

16) 주공신

부 유 무 량 주 공 신   소 위 정 광 보 조 주 공 신
復有無量主空神하니 所謂淨光普照主空神과

보유심광주공신　생길상풍주공신　이장안
普遊深廣主空神과　生吉祥風主空神과　離障安

주주공신　광보묘계주공신　무애광염주공
住主空神과　廣步妙髻主空神과　無礙光焰主空

신　무애승력주공신　이구광명주공신　심
神과　無礙勝力主空神과　離垢光明主空神과　深

원묘음주공신　광변시방주공신　여시등
遠妙音主空神과　光徧十方主空神이라　如是等이

이위상수　기수무량　심개이구　광대명
而爲上首하사　其數無量하니　心皆離垢하야　廣大明

결
潔하시니라

　　다시 또 한량없는 주공신主空神이 있었습니다. 그들의
이름은 정광보조淨光普照 주공신과 보유심광普遊深廣 주공
신과 생길상풍生吉祥風 주공신과 이장안주離障安住 주공신
과 광보묘계廣步妙髻 주공신과 무애광염無礙光焰 주공신과
무애승력無礙勝力 주공신과 이구광명離垢光明 주공신과 심원
묘음深遠妙音 주공신과 광변시방光徧十方 주공신이었습니다.
이와 같은 이들이 상수가 되어 그 수가 한량이 없었습
니다.

마음에는 모두 때를 여의어서 넓고 크고 밝고 깨끗하였습니다.

주공신主空神이란 모든 공간과 존재의 공성空性과 허공과 하늘을 맡은 신이다. 그것들 자체가 곧 신이다. 만약 공간이 없고 공성이 없고 허공이 없다고 한다면 세상이 어떻게 되겠는가. 허공이야말로 세상을 아름답게 장엄하는 진정한 주인공이다. "감정의 먼지가 어지럽게 일어나서 본성이 공한 것을 가려 버렸는데, 지혜의 태양이 높이 솟아서 번뇌의 구름을 걷어 버리니, 하늘에 태양이 밝게 빛나서 끝없이 툭 터진 것처럼 지혜와 이치가 부합하여 아득히 그 끝이 없더라."[18]라는 글이 있다. 모든 공간과 존재의 공성空性과 허공과 하늘, 이 모든 것이야말로 세상을 아름답게 장엄하는 진정한 주인이다.

---

18) 若情塵亂起翳本性空. 智日高昇則情雲自卷. 空有日而廓爾無際. 智合理而杳然無涯. 故云爾耳.

17) 주방신

부유무량주방신　　소위변주일체주방신
復有無量主方神하니 所謂徧住一切主方神과

보현광명주방신　광행장엄주방신　주행불
普現光明主方神과 光行莊嚴主方神과 周行不

애주방신　영단미혹주방신　보유정공주방
礙主方神과 永斷迷惑主方神과 普遊淨空主方

신　대운당음주방신　계목무란주방신　보관
神과 大雲幢音主方神과 髻目無亂主方神과 普觀

세업주방신　주변유람주방신　여시등　이
世業主方神과 周徧遊覽主方神이라 如是等이 而

위상수　기수무량　능이방편　보방광명
爲上首하사 其數無量하니 能以方便으로 普放光明

항조시방　상속부절
하야 恒照十方하야 相續不絶하시니라

다시 또 한량없는 주방신主方神이 있었습니다. 그들의
이름은 변주일체徧住一切 주방신과 보현광명普現光明 주방
신과 광행장엄光行莊嚴 주방신과 주행불애周行不礙 주방신과
영단미혹永斷迷惑 주방신과 보유정공普遊淨空 주방신과 대
운당음大雲幢音 주방신과 계목무란髻目無亂 주방신과 보관세

업業普觀世業 주방신과 주변유람周徧遊覽 주방신이었습니다. 이와 같은 이들이 상수가 되어 그 수가 한량이 없었습니다.

　능히 방편으로 널리 광명을 놓아 항상 시방을 비추어서 상속하여 끊어지지 않게 하였습니다.

　주방신主方神이란 모든 방위를 맡은 신이다. 방위란 일정하지는 않지만 큰 지역 큰 사물이나 작은 지역 작은 사물이나 모두 그 방위가 있다. 또 남쪽 방위가 북쪽 방위가 되기도 하고, 북쪽 방위가 남쪽 방위가 되기도 한다. 동서남북 사유상하가 다 그와 같다. 그렇듯이 모든 방위가 일정하지 않으나 자유자재하게 다 그 방위가 있어서 자기의 위치를 가진다. 모든 사람과 사물들 어느 것 하나 자기의 방위가 없는 것이 없다. 그래서 각자가 자기의 자리와 그 방위를 잘 알아서 지킬 줄 알아야 한다. 그러므로 방위는 없는 듯하나 너무나 확실한 존재다. 덕을 찬탄하는 글에 "능히 방편으로 널리 광명을 놓아 항상 시방을 비추어서 상속하여 끊어지지 않게 하였다."라고 하였다. 한마디로 방위는 선교방편이다.

화엄회상에 세상을 아름답게 장엄하는 당당한 주인공이다.

18) 주야신

부유무량주야신   소위보덕정광주야신
復有無量主夜神하니 所謂普德淨光主夜神과

희안관세주야신   호세정기주야신   적정음
喜眼觀世主夜神과 護世精氣主夜神과 寂靜音

해주야신   보현길상주야신   보발수화주야
海主夜神과 普現吉祥主夜神과 普發樹華主夜

신   평등호육주야신   유희쾌락주야신   제
神과 平等護育主夜神과 遊戲快樂主夜神과 諸

근상희주야신   출생정복주야신   여시등
根常喜主夜神과 出生淨福主夜神이라 如是等이

이위상수   기수무량   개근수습   이법위
而爲上首하사 其數無量하니 皆勤修習하야 以法爲

라
樂하시니라

다시 또 한량없는 주야신主夜神이 있었습니다. 그들의
이름은 보덕정광普德淨光 주야신과 희안관세喜眼觀世 주야

신과 호세정기護世精氣 주야신과 적정음해寂靜音海 주야신과 보현길상普現吉祥 주야신과 보발수화普發樹華 주야신과 평등호육平等護育 주야신과 유희쾌락遊戱快樂 주야신과 제근상희諸根常喜 주야신과 출생정복出生淨福 주야신이었습니다. 이와 같은 이 등이 상수가 되어 그 수가 한량이 없었습니다.

모두 부지런히 닦고 익혀서 법으로써 즐거움을 삼았습니다.

주야신主夜神이란 밤을 맡은 신이다. 밤이 있으므로 낮이 있고 낮이 있으므로 밤이 있다. 밤과 낮의 관계처럼 세상에 존재하는 모든 것은 서로서로 상대적 관계에 의해서 유지된다. 밤이 여자라면 낮은 남자다. 밤이 왼쪽이라면 낮은 오른쪽이다. 밤이 음이라면 낮은 양이다. 만약 밤이 없다고 가정해 보라. 우리의 삶이 어떻겠는가. 사람들은 휴식의 밤을 믿기 때문에 낮에 부지런히 일을 하지 않는가. 그러므로 밤은 곧 신이다. 그대로 보살이며 부처님이다.

19) 주주신

부유무량주주신　　소위시현궁전주주신
復有無量主晝神하니 所謂示現宮殿主晝神과

발기혜향주주신　낙승장엄주주신　향화묘광
發起慧香主晝神과 樂勝莊嚴主晝神과 香華妙光

주주신　보집묘약주주신　낙작희목주주신
主晝神과 普集妙藥主晝神과 樂作喜目主晝神과

보현제방주주신　대비광명주주신　선근광
普現諸方主晝神과 大悲光明主晝神과 善根光

조주주신　묘화영락주주신　여시등　이위
照主晝神과 妙華瓔珞主晝神이라 如是等이 而爲

상수　　기수무량　　개어묘법　능생신해
上首하사 其數無量하니 皆於妙法에 能生信解하야

항공정근　　엄식궁전
恒共精勤하야 嚴飾宮殿하시니라

다시 또 한량없는 주주신主晝神이 있었습니다. 그들의
이름은 시현궁전示現宮殿 주주신과 발기혜향發起慧香 주주
신과 낙승장엄樂勝莊嚴 주주신과 향화묘광香華妙光 주주신
과 보집묘약普集妙藥 주주신과 낙작희목樂作喜目 주주신과
보현제방普現諸方 주주신과 대비광명大悲光明 주주신과 선

근광조善根光照 주주신과 묘화영락妙華瓔珞 주주신이었습니다. 이와 같은 이들이 상수가 되어 그 수가 한량이 없었습니다.

　모두 미묘한 법에 능히 신해信解를 내어서 늘 함께 부지런히 힘써서 궁전을 장엄하였습니다.

　주주신主畫神이란 낮을 맡은 신이다. 밤이 쉬는 시간이라면 낮은 활동하는 시간이다. 식물들도 낮에 성장한다. 길을 가는 것도, 여행을 하면서 이색적인 풍경과 아름다운 산천을 관광하는 것도 모두 낮에 하는 일이다. 낮이라는 그 자체만으로도 우리는 얼마나 많은 것을 기대하는가. 무엇인가를 이해하여 아는 것이나 불교를 공부하여 이해하는 것은 마치 낮과 같다. 청량스님의 글에서 "먼저 바른 이해를 닦고 뒤에 바른 수행을 닦는다. 믿음만 있고 이해가 없으면 무명無明만 증장하고, 이해만 있고 믿음이 없으면 도리어 사견邪見만 생긴다. 믿음은 이해로 인하여 청정해지고, 이해는 믿음을 의지하여 깊어진다. 이것이 낮의 의미다."[19]라고 하였다. 실로 소중한 말씀이다. 낮은 보살이며, 부처님이며, 곧 신이다.

3. 팔부사왕중의 이름과 덕행

1) 아수라왕

부유무량아수라왕　소위라후아수라왕
復有無量阿修羅王하니 **所謂羅睺阿修羅王**과

비마질다라아수라왕　교환술아수라왕　대
毘摩質多羅阿修羅王과 **巧幻術阿修羅王**과 **大**

권속아수라왕　대력아수라왕　변조아수라
眷屬阿修羅王과 **大力阿修羅王**과 **徧照阿修羅**

왕　견고행묘장엄아수라왕　광대인혜아수
王과 **堅固行妙莊嚴阿修羅王**과 **廣大因慧阿修**

라왕　출현승덕아수라왕　묘호음성아수라
羅王과 **出現勝德阿修羅王**과 **妙好音聲阿修羅**

왕　여시등　이위상수　기수무량　실이
王이라 **如是等**이 **而爲上首**하사 **其數無量**하니 **悉已**

정근　최복아만　급제번뇌
精勤하야 **摧伏我慢**과 **及諸煩惱**하시니라

---

19) 先修正解. 後勤正行. 有信無解增長無明. 有解無信還生邪見. 信因解淨,
解藉信深, 畫之義也.

다시 또 한량없는 아수라阿修羅왕이 있었습니다. 그들의 이름은 라후羅睺 아수라왕과 비마질다라毘摩質多羅 아수라왕과 교환술巧幻術 아수라왕과 대권속大眷屬 아수라왕과 대력大力 아수라왕과 변조偏照 아수라왕과 견고행묘장엄堅固行妙莊嚴 아수라왕과 광대인혜廣大因慧 아수라왕과 출현승덕出現勝德 아수라왕과 묘호음성妙好音聲 아수라왕이었습니다. 이와 같은 이들이 상수가 되어 그 수가 한량이 없었습니다.

모두 이미 부지런히 힘써서 아만과 모든 번뇌를 꺾어서 조복하였습니다.

아수라阿修羅왕이란 아수라의 우두머리로서 팔부중八部衆의 하나다. 싸우기를 좋아하는 귀신으로, 항상 제석천과 싸움을 벌인다. 비천非天이라고도 하나 불지론에서는 천취天趣에 해당된다고 하였다. 또 정법념경에서는 귀신과 축생에 해당한다고도 하였다. 아무튼 세상에서 흔히 볼 수 있는 것은 아니다. 그러나 싸움의 상징으로서 아수라판이라는 말을 우리는 익숙하게 쓰고 있다. 아수라판도 어쩌면 이 세상을 구성하는 필요악인지 모른다. 화엄회상의 일원으로 동참하였으니 반드시 이해하고 넘어서야 할 과제라고 받아들여야 할 것이다. 진정한 불교도라면 정법 수호를 위해서는 아수라 이상으로 싸울 줄 알아야 그것이 부처님의 뜻일 것이다. 덕을 찬탄한 글에 의하면 아만과 번뇌와의 싸움에서 승리를 거두는 것이 아수라의 의미라고 하였다.

2) 가루라왕

부유 불 가 사 의 수 가 루 라 왕　　소 위 대 속 질 력
復有不可思議數迦樓羅王하니 **所謂大速疾力**

가 루 라 왕　　무 능 괴 보 계 가 루 라 왕　　청 정 속 질
迦樓羅王과 **無能壞寶髻迦樓羅王**과 **清淨速疾**

가 루 라 왕　　심 불 퇴 전 가 루 라 왕　　대 해 처 섭 지
迦樓羅王과 **心不退轉迦樓羅王**과 **大海處攝持**

력 가 루 라 왕　　견 고 정 광 가 루 라 왕　　교 엄 관 계
力迦樓羅王과 **堅固淨光迦樓羅王**과 **巧嚴冠髻**

가 루 라 왕　　보 첩 시 현 가 루 라 왕　　보 관 해 가 루
迦樓羅王과 **普捷示現迦樓羅王**과 **普觀海迦樓**

라 왕　　보 음 광 목 가 루 라 왕　　여 시 등　　이 위 상
羅王과 **普音廣目迦樓羅王**이라 **如是等**이 **而爲上**

수　　부사의수　실이성취대방편력　　선능
首하사 不思議數라 悉已成就大方便力하야 善能

구 섭 일 체 중 생
救攝一切衆生하시니라

　　다시 또 불가사의한 수의 가루라迦樓羅왕이 있었습니
다. 그들의 이름은 대속질력大速疾力 가루라왕과 무능괴
보계無能壞寶髻 가루라왕과 청정속질淸淨速疾 가루라왕과 심
불퇴전心不退轉 가루라왕과 대해처섭지력大海處攝持力 가루
라왕과 견고정광堅固淨光 가루라왕과 교엄관계巧嚴冠髻 가루
라왕과 보첩시현普捷示現 가루라왕과 보관해普觀海 가루라
왕과 보음광목普音廣目 가루라왕이었습니다. 이와 같은 이
들이 상수가 되어 불가사의한 수가 있었습니다.

　　모두 이미 큰 방편의 힘을 성취해서 일체 중생들을
잘 구호하였습니다.

　　가루라迦樓羅왕은 가루라의 우두머리다. 금시조金翅鳥라
고 번역한다. 팔부중의 하나로서 불교 경전에만 나오는 상
상의 큰 새다. 매와 비슷한 머리에는 여의주가 박혀 있으며,
금빛 날개가 있는 몸은 사람을 닮고, 불을 뿜는 입으로 용

을 잡아먹는다고 한다. 이세간품에 "보살 가루라가 여의如
意의 법력으로 굳센 발을 삼아서 인간과 천상의 용들을 잡아
서 열반의 저 언덕에 안치하여 둔다."[20]라고 하였다. 가루라
가 실재하든 안 하든 덕을 찬탄한 내용과 같이 용을 잡아먹
을 정도의 큰 힘으로 일체 중생을 잘 구호하여 열반의 저 언
덕에 이르게 해야 할 것이다.

3) 긴나라왕

부유무량긴나라왕   소위선혜광명천긴나
復有無量緊那羅王하니 所謂善慧光明天緊那

라 왕   묘화당긴나라왕   종종장엄긴나라왕
羅王과 妙華幢緊那羅王과 種種莊嚴緊那羅王과

열 의 후 성 긴 나 라 왕   보 수 광 명 긴 나 라 왕   견
悅意吼聲緊那羅王과 寶樹光明緊那羅王과 見

자 흔 락 긴 나 라 왕   최 승 광 장 엄 긴 나 라 왕   미 묘
者欣樂緊那羅王과 最勝光莊嚴緊那羅王과 微妙

---

20) 菩薩迦樓羅, 如意為堅足. 乃至搏撮人天龍. 安置涅槃岸.

화당긴나라왕　동지력긴나라왕　섭복악중긴
華幢緊那羅王과 動地力緊那羅王과 攝伏惡衆緊

나 라 왕　　여시등　이위상수　　기수무량
那羅王이라 如是等이 而爲上首하사 其數無量하니

개근정진　　관일체법　심항쾌락　　자재유
皆勤精進하야 觀一切法에 心恒快樂하야 自在遊

희
戲하시니라

　　다시 또 한량없는 긴나라緊那羅왕이 있었습니다. 그들
의 이름은 선혜광명천善慧光明天 긴나라왕과 묘화당妙華幢
긴나라왕과 종종장엄種種莊嚴 긴나라왕과 열의후성悅意吼聲
긴나라왕과 보수광명寶樹光明 긴나라왕과 견자흔락見者欣樂
긴나라왕과 최승광장엄最勝光莊嚴 긴나라왕과 미묘화당微
妙華幢 긴나라왕과 동지력動地力 긴나라왕과 섭복악중攝伏惡衆
긴나라왕이었습니다. 이와 같은 이들이 상수가 되어 그
수가 한량이 없었습니다.

　　모두 부지런히 정진하여 일체 법을 관찰하여 마음이
항상 즐거우며 자유자재하게 유희하였습니다.

　　긴나라緊那羅는 팔부중의 하나로서 인도 신화에 나오는

악기를 연주하고 노래하며 춤추는 가신歌神이다. 사람의 머리에 새의 몸, 또는 말의 머리에 사람의 몸을 하는 등 그 형상이 일정하지 않다. 축생도에 속한다. 춤추고 노래하는 가신歌神이니 화엄회상에 그 역할이 자못 기대된다. 음악과 춤은 원시인이나 문명인이나 그 곡조와 형태가 다를 뿐이지 오래전부터 있어 왔다. 찬탄하는 글에 "마음이 항상 즐거우며 자유자재하게 유희하였다."라고 하였으니 많은 사람들에게 즐거움을 주는 소임을 맡은 대중이리라.

4) 마후라가왕

부유무량마후라가왕   소위선혜마후라가
復有無量摩睺羅伽王하니 **所謂善慧摩睺羅伽**

왕   청정위음마후라가왕   승혜장엄계마후
王과 **淸淨威音摩睺羅伽王**과 **勝慧莊嚴髻摩睺**

라가왕   묘목주마후라가왕   여등당위중소
羅伽王과 **妙目主摩睺羅伽王**과 **如燈幢爲衆所**

귀마후라가왕   최승광명당마후라가왕   사
歸摩睺羅伽王과 **最勝光明幢摩睺羅伽王**과 **獅**

자 억 마 후 라 가 왕　　중 묘 장 엄 음 마 후 라 가 왕　　수
子臆摩睺羅伽王과　衆妙莊嚴音摩睺羅伽王과　須

미 견 고 마 후 라 가 왕　　　가 애 락 광 명 마 후 라 가 왕
彌堅固摩睺羅伽王과　可愛樂光明摩睺羅伽王

　여 시 등　　이 위 상 수　　　기 수 무 량　　　개 근 수 습
이라 如是等이　而爲上首하사　其數無量하니　皆勤修習

광 대 방 편　　영 제 중 생　　　영 할 치 망
廣大方便하야　令諸衆生으로　永割癡網케하시니라

　　다시 또 한량없는 마후라가摩睺羅伽왕이 있었습니다.
그들의 이름은 선혜善慧 마후라가왕과 청정위음淸淨威音
마후라가왕과 승혜장엄계勝慧莊嚴髻 마후라가왕과 묘목주
妙目主 마후라가왕과 여등당위중소귀如燈幢爲衆所歸 마후라
가왕과 최승광명당最勝光明幢 마후라가왕과 사자억獅子臆
마후라가왕과 중묘장엄음衆妙莊嚴音 마후라가왕과 수미견
고須彌堅固 마후라가왕과 가애락광명可愛樂光明 마후라가왕
이었습니다. 이와 같은 이들이 상수가 되어 그 수가 한
량이 없었습니다.

　　모두 광대한 방편을 부지런히 닦아서 모든 중생들로
하여금 어리석음의 그물을 영원히 끊어 버리게 하였습
니다.

마후라가摩睺羅伽란 팔부중의 하나다. 몸은 사람과 같고 머리는 뱀과 같은 신이다. 전통적으로 인도는 신의 나라며 종교의 나라다. 예로부터 지금까지 헤아릴 수 없이 많은 신들이 있고 헤아릴 수 없이 많은 종교들이 있다. 현상계에 존재하는 삼라만상을 모두 신으로 생각하고 보이지도 않고 실재하지도 않는 존재들까지 신으로 숭상한다. 화엄회상에 등장하는 신들은 그중 가장 대표가 되는 것을 소개하면서 헤아릴 수 없고 상상할 수 없이 많고 많은 이들이 함께하고 있다고 하였다. 마후라가왕을 찬탄하는 글에는 "모든 중생들로 하여금 어리석음의 그물을 영원히 끊어 버리게 하였다."라고 하였으니 그도 또한 중생들을 위해서 큰 몫을 하고 있다.

5) 야차왕

부유무량야차왕
復有無量夜叉王하니

소위비사문야차왕
所謂毘沙門夜叉王과

자
自

재음야차왕
在音夜叉王과

엄지기장야차왕
嚴持器仗夜叉王과

대지혜야차
大智慧夜叉

왕　염안주야차왕　금강안야차왕　용건비야
王과 焰眼主夜叉王과 金剛眼夜叉王과 勇健臂夜

차　왕　용적대군야차왕　부사재야차왕　역괴
叉王과 勇敵大軍夜叉王과 富資財夜叉王과 力壞

고산야차왕　여시등　이위상수　기수무
高山夜叉王이라 如是等이 而爲上首하사 其數無

량　개근수호일체중생
量하니 皆勤守護一切衆生하시니라

　　다시 또 한량없는 야차夜叉왕이 있었습니다. 그들의
이름은 비사문毘沙門 야차왕과 자재음自在音 야차왕과 엄
지기장嚴持器仗 야차왕과 대지혜大智慧 야차왕과 염안주焰眼
主 야차왕과 금강안金剛眼 야차왕과 용건비勇健臂 야차왕과
용적대군勇敵大軍 야차왕과 부자재富資財 야차왕과 역괴고
산力壞高山 야차왕이었습니다. 이와 같은 이들이 상수가
되어 그 수가 한량이 없었습니다.
　　모두 부지런히 일체 중생들을 수호하였습니다.

　　야차夜叉란 팔부의 하나로서 사람을 괴롭히거나 해친다
는 사나운 귀신이다. 그 왕을 금비라金毘羅라고 하는데 여러

야차들을 거느리고 불법을 지키기를 서원誓願한 우두머리다. 찬탄의 글에도 "모두 부지런히 일체 중생들을 수호하였다."라고 하였다. 사람을 괴롭히는 귀신이 아니라 화엄회상에서는 불법과 일체 중생들을 지키고 보호하는 역할을 맡은 선신이다.

6) 용왕

부유무량제대용왕　소위비루박차용왕
復有無量諸大龍王하니 所謂毘樓博叉龍王과

사갈라용왕　운음묘당용왕　염구해광용왕
娑竭羅龍王과 雲音妙幢龍王과 焰口海光龍王과

보고운당용왕　덕차가용왕　무변보용왕　청
普高雲幢龍王과 德叉迦龍王과 無邊步龍王과 淸

정색용왕　보운대성용왕　무열뇌용왕　여
淨色龍王과 普運大聲龍王과 無熱惱龍王이라 如

시등　이위상수　기수무량　막불근력흥
是等이 而爲上首하사 其數無量하니 莫不勤力興

운포우　영제중생　열뇌소멸
雲布雨하야 令諸衆生으로 熱惱消滅케하시니라

다시 또 한량없는 큰 용왕龍王들이 있었습니다. 그들의 이름은 비루박차毘樓博叉 용왕과 사갈라娑竭羅 용왕과 운음묘당雲音妙幢 용왕과 염구해광焰口海光 용왕과 보고운당普高雲幢 용왕과 덕차가德叉迦 용왕과 무변보無邊步 용왕과 청정색淸淨色 용왕과 보운대성普運大聲 용왕과 무열뇌無熱惱 용왕이었습니다. 이와 같은 이들이 상수가 되어 그 수가 한량이 없었습니다.

모두 부지런히 힘써서 구름을 일으키고 비를 쏟아서 모든 중생들로 하여금 뜨거운 번뇌를 소멸하게 하였습니다.

용왕龍王은 바다에 살며 비와 물을 맡고 불법을 수호하는 용 가운데의 임금이다. 용은 본래 상상의 동물 가운데 하나다. 몸은 거대한 뱀과 비슷한데 비늘과 네 개의 발을 가지며 뿔은 사슴에, 귀는 소에 가깝다고 한다. 깊은 못이나 늪, 호수, 바다 등 물속에서 사는데 때로는 하늘로 올라가 풍운을 일으킨다고도 한다. 중국에서는 상서로운 동물로 기린 · 봉황 · 거북과 함께 사령四靈의 하나로서 천자에 견주며, 인도에서는 불법을 수호하는 사천왕의 하나로 생각하고 있다. 찬탄의 글에도 "구름을 일으키고 비를 쏟아서 모든 중생들로 하여금 뜨거운 번뇌를 소멸하게 한다."라고 하였다. 화엄회상에는 당연히 동참해야 할 대중이다.

7) 구반다왕

부유무량구반다왕　　소위증장구반다왕
復有無量鳩槃茶王하니 所謂增長鳩槃茶王과

용주구반다왕　　선장엄당구반다왕　　보요익
龍主鳩槃茶王과 善莊嚴幢鳩槃茶王과 普饒益

행구반다왕　　심가포외구반다왕　　미목단엄
行鳩槃茶王과 甚可怖畏鳩槃茶王과 美目端嚴

구반다왕　　고봉혜구반다왕　　용건비구반다
鳩槃茶王과 高峯慧鳩槃茶王과 勇健臂鳩槃茶

왕　　무변정화안구반다왕　　광대천면아수라
王과 無邊淨華眼鳩槃茶王과 廣大天面阿修羅

안구반다왕　　여시등　　이위상수　　기수무
眼鳩槃茶王이라 如是等이 而爲上首하사 其數無

량　　개근수학무애법문　　방대광명
量하니 皆勤修學無礙法門하야 放大光明하시니라

다시 또 한량없는 구반다鳩槃茶왕이 있었습니다. 그들의 이름은 증장增長 구반다왕과 용주龍主 구반다왕과 선장엄당善莊嚴幢 구반다왕과 보요익행普饒益行 구반다왕과 십가포외甚可怖畏 구반다왕과 미목단엄美目端嚴 구반다왕과 고봉혜高峯慧 구반다왕과 용건비勇健臂 구반다왕과 무변정화안無邊淨華眼 구반다왕과 광대천면아수라안廣大天面阿修羅眼 구반다왕이었습니다. 이와 같은 이들이 상수가 되어 그 수가 한량이 없었습니다.

모두 부지런히 걸림이 없는 법문을 닦고 배워서 큰 광명을 놓았습니다.

구반다鳩槃茶 역시 팔부중의 하나다. 사람의 정기를 빨아먹는다는 귀신으로, 사람의 몸에 머리는 말의 모양을 하고 있는 남방 증장천왕의 부하이다. 본래의 의미와는 다르게 화엄회상에서는 "부지런히 걸림이 없는 법문을 닦고 배워서 큰 광명을 놓는다."라고 그의 수행을 찬탄하였다. 이쯤 되면 화엄회상의 훌륭한 청법 대중이리라.

8) 건달바왕

부유무량건달바왕　　소위지국건달바왕
復有無量乾闥婆王하니 **所謂持國乾闥婆王**과

수광건달바왕　　정목건달바왕　　화관건달바
樹光乾闥婆王과 **淨目乾闥婆王**과 **華冠乾闥婆**

왕　　보음건달바왕　　낙요동묘목건달바왕
王과 **普音乾闥婆王**과 **樂搖動妙目乾闥婆王**과

묘음사자당건달바왕　　보방보광명건달바왕
妙音獅子幢乾闥婆王과 **普放寶光明乾闥婆王**과

금강수화당건달바왕　　낙보현장엄건달바왕
金剛樹華幢乾闥婆王과 **樂普現莊嚴乾闥婆王**

　　여시등　이위상수　　기수무량　　개어대
이라 **如是等**이 **而爲上首**하사 **其數無量**하니 **皆於大**

법　심생신해　　환희애중　　근수불권
法에 **深生信解**하야 **歡喜愛重**하야 **勤修不倦**하시니라

다시 또 한량없는 건달바乾闥婆 왕이 있었습니다. 그들
의 이름은 지국持國 건달바왕과 수광樹光 건달바왕과 정
목淨目 건달바왕과 화관華冠 건달바왕과 보음普音 건달바
왕과 낙요동묘목樂搖動妙目 건달바왕과 묘음사자당妙音獅子
幢 건달바왕과 보방보광명普放寶光明 건달바왕과 금강수화
당金剛樹華幢 건달바왕과 낙보현장엄樂普現莊嚴 건달바왕이

었습니다. 이와 같은 이들이 상수가 되어 그 수가 한량이 없었습니다.

모두 큰 법에 깊은 믿음과 이해를 내어서 환희하며 애중愛重하게 여겨 부지런히 닦아 게으름이 없었습니다.

건달바乾闥婆란 번역하면 심향尋香인데 팔부중의 하나다. 수미산 남쪽의 금강굴에 살며 제석천帝釋天의 아악雅樂을 맡아 보는 신으로, 술과 고기를 먹지 않고 향香만 먹으며 공중으로 날아다닌다고 한다. 다른 생업은 없고 음악으로 사는데 다만 여러 집의 음식 향기를 맡고는 곧 그 집에 가서 음악을 연주하여 음식을 구하며 살아간다. 그래서 모든 음악 하는 사람들을 건달바라 부른다. "큰 법에 깊은 믿음과 이해를 내어서 환희하며 애중愛重하게 여겨 부지런히 닦아 게으름이 없다."고 하였으니 단순히 음악만 하는 신이 아니다. 음악으로 불법을 크게 돕는 신이다. 화엄회상에 왜 오케스트라가 없겠는가.

4. 욕계천중의 이름과 덕행

1) 월천자

부유무량월천자 　소위월천자　화왕계광
復有無量月天子하니 **所謂月天子**와 **華王髻光**

명천자　중묘정광명천자　안락세간심천자
明天子와 **衆妙淨光明天子**와 **安樂世間心天子**와

수왕안광명천자　시현청정광천자　보유부
樹王眼光明天子와 **示現清淨光天子**와 **普遊不**

동광천자　성수왕자재천자　정각월천자　대
動光天子와 **星宿王自在天子**와 **淨覺月天子**와 **大**

위덕광명천자　여시등　이위상수　기수무
威德光明天子라 **如是等**이 **而爲上首**하사 **其數無**

량　개근현발중생심보
量하니 **皆勤顯發衆生心寶**하시니라

다시 또 한량없는 월천자月天子가 있었습니다. 그들의
이름은 월月 천자와 화왕계광명華王髻光明 천자와 중묘정광
명衆妙淨光明 천자와 안락세간심安樂世間心 천자와 수왕안광
명樹王眼光明 천자와 시현청정광示現清淨光 천자와 보유부동
광普遊不動光 천자와 성수왕자재星宿王自在 천자와 정각월淨覺月

천자와 대위덕광명大威德光明 천자였습니다. 이와 같은 이들이 상수가 되어 그 수가 한량이 없었습니다.

　모두 부지런히 중생들의 마음의 보배를 나타내었습니다.

　월천자月天子란 곧 매일매일 밤하늘에 떠 있는 달이다. 하늘이란 자유자재하다는 뜻이며, 광명이 빛난다는 뜻이며, 청정하다는 뜻이다. 달이 그와 같은 의미를 다 함유하고 있다. 화엄회상에는 우주만유와 천지만물 유형무형을 다 포함하고 있으므로 달이 없을 수 있겠는가. 또 달은 청량하다. 고요하고 휘영청 밝은 밤에 부다가야 보리수나무 밑에서 부처님을 모시고 도란도란 당신의 본생담이나 제자들의 전생담을 듣는 광경을 그려 보라. 이 또한 얼마나 아름다운 화엄회상인가.

2) 일천자

부유무량일천자   소위일천자   광염안천
復有無量日天子하니 所謂日天子와 光焰眼天

자   수미광가외경당천자   이구보장엄천자
子와 須彌光可畏敬幢天子와 離垢寶莊嚴天子와

용맹불퇴전천자   묘화영광명천자   최승당
勇猛不退轉天子와 妙華纓光明天子와 最勝幢

광명천자   보계보광명천자   광명안천자   지
光明天子와 寶髻普光明天子와 光明眼天子와 持

승덕천자   보광명천자   여시등   이위상수
勝德天子와 普光明天子라 如是等이 而爲上首하사

기수무량   개근수습   이익중생   증기선
其數無量하니 皆勤修習하야 利益衆生하야 增其善

근
根하시니라

다시 또 한량없는 일천자日天子가 있었습니다. 그들의
이름은 일日 천자와 광염안光焰眼 천자와 수미광가외경당
須彌光可畏敬幢 천자와 이구보장엄離垢寶莊嚴 천자와 용맹불퇴
전勇猛不退轉 천자와 묘화영광명妙華纓光明 천자와 최승당광
명最勝幢光明 천자와 보계보광명寶髻普光明 천자와 광명안光明眼

천자와 지승덕持勝德 천자와 보광명普光明 천자였습니다. 이와 같은 이들이 상수가 되어 그 수가 한량이 없었습니다.

모두 부지런히 닦고 익혀서 중생을 이익하게 하여 선근을 증장하였습니다.

일천자日天子란 곧 매일 아침에 얼굴을 보이는 저 태양이다. 화엄회상에 저 밝은 태양이 마치 주인공인 양 당당하게 비추고 있다. 화엄경의 주불인 법신 비로자나불은 광명변조光明徧照 또는 대일여래大日如來라고도 한다. 저 태양이 온 우주를 밝게 비추듯이 지혜의 태양인 비로자나불이 아비지옥에서부터 유정천有頂天에 이르기까지 모든 중생 모든 생명들을 낱낱이 비춰서 살핀다.

따라서 사람 사람의 본래의 부처인 사람 법신 부처님도 어느 것 하나 빠뜨리지 않고 환하게 비춘다. 모든 것을 보고 모든 것을 듣고 모든 것을 느끼고 안다. 웃을 일이 있으면 웃을 줄 알고, 울 일이 있으면 울 줄도 안다. 때로는 슬퍼하고 때로는 화도 낸다. 배가 고프면 밥 먹을 줄 알고, 피곤

하면 쉴 줄도 안다. 이 얼마나 신통방통한 광명이 변조하는 대일여래인가.

어디 그뿐인가. 저 산천초목도 춘하추동 사시절의 운행을 따라 봄이 오면 꽃이 피고 열매를 맺다가 가을이면 붉게 물들어 낙엽이 된다. 그 또한 청정법신 비로자나불의 무공용無功用의 공용이 아니겠는가. 태양을 법신불에 비유한 것은 참으로 절묘하다 하겠다.

3) 삼십삼 천왕

부유무량삼십삼천왕   소위석가인다라천
復有無量三十三天王하니 所謂釋迦因陀羅天

왕   보칭만음천왕   자목보계천왕   보광당명
王과 普稱滿音天王과 慈目寶髻天王과 寶光幢名

칭천왕   발생희락계천왕   가애락정념천왕
稱天王과 發生喜樂髻天王과 可愛樂正念天王과

수미승음천왕   성취념천왕   가애락정화광
須彌勝音天王과 成就念天王과 可愛樂淨華光

천왕   지일안천왕   자재광명능각오천왕
天王과 智日眼天王과 自在光明能覺悟天王이라

여시등   이위상수   기수무량   개근발기일
如是等이 而爲上首하사 其數無量하니 皆勤發起一

체세간광대지업
切世間廣大之業하시니라

    다시 또 한량없는 삼십삼천왕三十三天王이 있었습니다.
그들의 이름은 석가인다라釋迦因陀羅 천왕과 보칭만음普稱
滿音 천왕과 자목보계慈目寶髻 천왕과 보광당명칭寶光幢名稱
천왕과 발생희락계發生喜樂髻 천왕과 가애락정념可愛樂正念
천왕과 수미승음須彌勝音 천왕과 성취념成就念 천왕과 가애
락정화광可愛樂淨華光 천왕과 지일안智日眼 천왕과 자재광명
능각오自在光明能覺悟 천왕이었습니다. 이와 같은 이들이
상수가 되어 그 수가 한량이 없었습니다.

    모두 부지런히 일체 세간의 광대한 업을 일으켰습니다.

    삼십삼천三十三天을 도리천이라고도 하는데 육욕천, 십팔
천, 무색계 사천四天과 일월성수천日月星宿天, 상교천常憍天, 지
만천持鬘天, 견수천堅首天, 제석천帝釋天을 통틀어 이르는 말이

다. 또 중앙에 제석천이 있고 사방에 여덟 하늘씩이 있다 하여 삼십삼천이라 한다. 화엄회상에 어찌 천상세계를 빼놓을 수 있겠는가. 저 헤아릴 수 없이 많은 은하계와 그 은하계의 숫자와 같이 많은 은하계까지도 모두가 화엄회상에 동참한 청법 대중들이다.

4) 수야마 천왕

부유무량수야마천왕   소위선시분천왕과
復有無量須夜摩天王하니 所謂善時分天王과

가애락광명천왕과   무진혜공덕당천왕과   선변
可愛樂光明天王과 無盡慧功德幢天王과 善變

화단엄천왕과   총지대광명천왕과   부사의지혜
化端嚴天王과 總持大光明天王과 不思議智慧

천왕과   윤제천왕과   광염천왕과   광조천왕과   보관
天王과 輪臍天王과 光焰天王과 光照天王과 普觀

찰대명칭천왕이라   여시등이   이위상수하사   기수
察大名稱天王이라 如是等이 而爲上首하사 其數

무량하니   개근수습광대선근하야   심상희족하시니라
無量하니 皆勤修習廣大善根하야 心常喜足하시니라

다시 또 한량없는 수야마須夜摩 천왕이 있었습니다. 그들의 이름은 선시분善時分 천왕과 가애락광명可愛樂光明 천왕과 무진혜공덕당無盡慧功德幢 천왕과 선변화단엄善變化端嚴 천왕과 총지대광명總持大光明 천왕과 부사의지혜不思議智慧 천왕과 윤제輪臍 천왕과 광염光焰 천왕과 광조光照 천왕과 보관찰대명칭普觀察大名稱 천왕이었습니다. 이와 같은 이들이 상수가 되어 그 수가 한량이 없었습니다.

모두 부지런히 광대한 선근을 닦고 익혀서 마음이 항상 기쁘고 만족하였습니다.

수야마천須夜摩天이란 육욕천의 셋째 하늘이다. 밤낮의 구분이 없고 시간에 따라 여러 가지의 환락歡樂을 누리는 곳으로, 여기서의 하루는 인간 세상의 200년에 맞먹는다. 염라대왕은 이 하늘이 바뀌어 달라진 것이라고 한다. 역시 화엄 회상에서 빼놓을 수 없는 천상 세계들이다.

5) 도솔타 천왕

부유불가사의수도솔타천왕　　소위지족천
復有不可思議數兜率陀天王하니 所謂知足天

왕　희락해계천왕　최승공덕당천왕　적정광
王과 喜樂海髻天王과 最勝功德幢天王과 寂靜光

천왕　가애락묘목천왕　보봉정월천왕　최
天王과 可愛樂妙目天王과 寶峯淨月天王과 最

승용건력천왕　금강묘광명천왕　성수장엄
勝勇健力天王과 金剛妙光明天王과 星宿莊嚴

당천왕　가애락장엄천왕　　여시등　이위상
幢天王과 可愛樂莊嚴天王이라 如是等이 而爲上

수　부사의수　개근념지일체제불　소유명
首하사 不思議數라 皆勤念持一切諸佛의 所有名

호
號하시니라

　다시 또 불가사의한 수의 도솔타兜率陀 천왕이 있었습
니다. 그들의 이름은 지족知足 천왕과 희락해계喜樂海髻 천
왕과 최승공덕당最勝功德幢 천왕과 적정광寂靜光 천왕과 가
애락묘목可愛樂妙目 천왕과 보봉정월寶峯淨月 천왕과 최승용
건력最勝勇健力 천왕과 금강묘광명金剛妙光明 천왕과 성수장

엄당星宿莊嚴幢 천왕과 가애락장엄可愛樂莊嚴 천왕이었습니다. 이와 같은 이들이 상수가 되어 불가사의한 수였습니다.

모두 부지런히 일체 모든 부처님의 명호를 기억해 가지었습니다.

도솔천兜率天은 지족천知足天이라고도 하는데 육욕천의 넷째 하늘이다. 수미산의 꼭대기에서 12만 유순由旬 되는 곳에 있다. 미륵보살이 사는 곳으로, 내원궁과 외원궁 두 원院이 있는데, 내원궁은 미륵보살의 정토이며, 외원궁은 천계 대중이 환락하는 장소라고 한다.

6) 화락 천왕

부유무량화락천왕   소위선변화천왕   적
復有無量化樂天王하니 所謂善變化天王과 寂

정음광명천왕   변화력광명천왕   장엄주천왕
靜音光明天王과 變化力光明天王과 莊嚴主天王과

염 광 천 왕　　최 상 운 음 천 왕　　중 묘 최 승 광 천 왕
念光天王과 **最上雲音天王**과 **衆妙最勝光天王**과

묘 계 광 명 천 왕　　성 취 희 혜 천 왕　　화 광 계 천 왕
妙髻光明天王과 **成就喜慧天王**과 **華光髻天王**과

보 견 시 방 천 왕　　　여 시 등　　이 위 상 수　　　기 수
普見十方天王이라 **如是等**이 **而爲上首**하사 **其數**

무 량　　　개 근 조 복 일 체 중 생　　　영 득 해 탈
無量하니 **皆勤調伏一切衆生**하야 **令得解脫**케하시니라

　　다시 또 한량없는 화락化樂 천왕이 있었습니다. 그들
의 이름은 선변화善變化 천왕과 적정음광명寂靜音光明 천왕
과 변화력광명變化力光明 천왕과 장엄주莊嚴主 천왕과 염광
念光 천왕과 최상운음最上雲音 천왕과 중묘최승광衆妙最勝光
천왕과 묘계광명妙髻光明 천왕과 성취희혜成就喜慧 천왕과
화광계華光髻 천왕과 보견시방普見十方 천왕이었습니다. 이
와 같은 이들이 상수가 되어 그 수가 한량이 없었습니다.
　　모두 부지런히 일체 중생들을 조복해서 해탈을 얻게
하였습니다.

　　화락천化樂天은 육욕천六欲天의 다섯째 하늘이다. 이 하늘
에 나면 모든 대상을 마음대로 변하게[化] 하여 즐겁게[樂] 할

수 있다.

7) 타화자재 천왕

부유무수타화자재천왕   소위득자재천왕
復有無數他化自在天王하니 所謂得自在天王과

묘목주천왕   묘관당천왕   용맹혜천왕   묘음
妙目主天王과 妙冠幢天王과 勇猛慧天王과 妙音

구천왕   묘광당천왕   적정경계문천왕   묘륜
句天王과 妙光幢天王과 寂靜境界門天王과 妙輪

장엄당천왕   화예혜자재천왕   인다라력묘
莊嚴幢天王과 華蘂慧自在天王과 因陀羅力妙

장엄광명천왕   여시등   이위상수   기수
莊嚴光明天王이라 如是等이 而爲上首하사 其數

무량   개근수습자재방편광대법문
無量하니 皆勤修習自在方便廣大法門하시니라

다시 또 수없는 타화자재他化自在 천왕이 있었습니다.
그들의 이름은 득자재得自在 천왕과 묘목주妙目主 천왕과
묘관당妙冠幢 천왕과 용맹혜勇猛慧 천왕과 묘음구妙音句 천
왕과 묘광당妙光幢 천왕과 적정경계문寂靜境界門 천왕과 묘

룬장엄당妙輪莊嚴幢 천왕과 화예혜자재華蘂慧自在 천왕과 인다라력묘장엄광명因陀羅力妙莊嚴光明 천왕이었습니다. 이와 같은 이들이 상수가 되어 그 수가 한량없었습니다.

모두 자재한 방편과 광대한 법문을 부지런히 닦아 익혔습니다.

타화자재천他化自在天은 육욕천의 여섯째 하늘이다. 욕계欲界에서 가장 높은 하늘로 마왕魔王이 살며, 여기에 태어난 이는 다른 이의 즐거움을 자유로이 자기의 즐거움으로 만들어 즐길 수 있다고 한다.

5. 색계천중의 이름과 덕행

1) 대범 천왕

부유불가수대범천왕 　소위시기천왕 　혜
復有不可數大梵天王하니 所謂尸棄天王과 慧

광천왕 　선혜광명천왕 　보운음천왕 　관세언
光天王과 善慧光明天王과 普雲音天王과 觀世言

음자재천왕 　적정광명안천왕 　광변시방천
音自在天王과 寂靜光明眼天王과 光徧十方天

왕 　변화음천왕 　광명조요안천왕 　열의해음
王과 變化音天王과 光明照耀眼天王과 悅意海音

천왕 　여시등 　이위상수 　불가칭수 　개구
天王이라 如是等이 而爲上首하사 不可稱數라 皆具

대자 　연민중생 　서광보조 　영기쾌락
大慈하야 憐愍衆生하며 舒光普照하야 令其快樂게하

시니라

다시 또 헤아릴 수 없이 많은 대범大梵 천왕이 있었습
니다. 이른바 시기尸棄 천왕과 혜광慧光 천왕과 선혜광명
善慧光明 천왕과 보운음普雲音 천왕과 관세언음자재觀世言音自在
천왕과 적정광명안寂靜光明眼 천왕과 광변시방光徧十方 천왕

과 변화음變化音 천왕과 광명조요안光明照耀眼 천왕과 열의
해음悅意海音 천왕이었습니다. 이와 같은 이들이 상수가
되어 헤아릴 수 없었습니다.

모두 큰 자비를 갖추어서 중생들을 불쌍히 여기며,
광명을 널리 비추어서 그들로 하여금 즐겁게 하였습니다.

대범천大梵天은 색계色界 초선천初禪天의 셋째 하늘이다. 대
범천왕이 있으면서 사바세계를 다스린다고 한다.

2) 광음 천왕

부유무량광음천왕   소위가애락광명천왕
復有無量光音天王하니 所謂可愛樂光明天王과

청정묘광천왕   능자재음천왕   최승념지천
淸淨妙光天王과 能自在音天王과 最勝念智天

왕   가애락청정묘음천왕   선사유음천왕   보
王과 可愛樂淸淨妙音天王과 善思惟音天王과 普

음변조천왕   심심광음천왕   무구칭광명천
音徧照天王과 甚深光音天王과 無垢稱光明天

왕　최승정광천왕　　여시등　이위상수　기
王과 **最勝淨光天王**이라 **如是 等**이 **而爲上首**하사 **其**

수무량　개주광대적정희락무애법문
數無量하니 **皆住廣大寂靜喜樂無礙法門**하시니라

　다시 또 한량없는 광음光音 천왕이 있었습니다. 그들
의 이름은 가애락광명可愛樂光明 천왕과 청정묘광淸淨妙光
천왕과 능자재음能自在音 천왕과 최승념지最勝念智 천왕과
가애락청정묘음可愛樂淸淨妙音 천왕과 선사유음善思惟音 천왕
과 보음변조普音偏照 천왕과 심심광음甚深光音 천왕과 무구
칭광명無垢稱光明 천왕과 최승정광最勝淨光 천왕이었습니다.
이와 같은 이들이 상수가 되어 그 수가 한량이 없었습
니다.

　모두 넓고 크며 고요하고 즐거운 걸림이 없는 법문
에 머물렀습니다.

　광음천光音天 색계色界 이선천二禪天의 셋째 하늘이다. 이 하
늘의 중생은 자기의 생각과 뜻을 전달할 때 말소리 대신 입
에서 맑고 깨끗한 빛을 낸다. 그래서 "넓고 크며 고요하고
즐거운 걸림이 없는 법문에 머문다."라고 찬탄하였다.

3) 변정 천왕

부유무량변정천왕 소위청정명칭천왕
復有無量偏淨天王하니 所謂淸淨名稱天王과

최승견천왕 적정덕천왕 수미음천왕 정념
最勝見天王과 寂靜德天王과 須彌音天王과 淨念

안천왕 가애락최승광조천왕 세간자재주
眼天王과 可愛樂最勝光照天王과 世間自在主

천왕 광염자재천왕 낙사유법변화천왕 변
天王과 光焰自在天王과 樂思惟法變化天王과 變

화당천왕 성수음묘장엄천왕 여시등 이
化幢天王과 星宿音妙莊嚴天王이라 如是等이 而

위상수 기수무량 실이안주광대법문
爲上首하사 其數無量하니 悉已安住廣大法門하야

어제세간 근작이익
於諸世間에 勤作利益하시니라

다시 또 한량없는 변정偏淨 천왕이 있었습니다. 그들
의 이름은 청정명칭淸淨名稱 천왕과 최승견最勝見 천왕과
적정덕寂靜德 천왕과 수미음須彌音 천왕과 정념안淨念眼 천
왕과 가애락최승광조可愛樂最勝光照 천왕과 세간자재주世間

自在主 천왕과 광염자재光焰自在 천왕과 낙사유법변화樂思惟
法變化 천왕과 변화당變化幢 천왕과 성수음묘장엄星宿音妙莊嚴
천왕이었습니다. 이와 같은 이들이 상수가 되어 그 수
가 한량이 없었습니다.

　　모두 이미 광대한 법문에 안주해서 모든 세간에 부
지런히 이익을 지었습니다.

　　변정천偏淨天은 색계色界 삼선천三禪天의 셋째 하늘이다. 이
름 그대로 맑고 깨끗함이 두루 가득하다고 한다. 맑고 깨끗
함으로써 모든 세간에 부지런히 이익을 준다.

　　4) 광과 천왕

　　　부유무량광과천왕　　　소위애락법광명당천
　　復有無量廣果天王하니 所謂愛樂法光明幢天

왕　　청정장엄해천왕　　　최승혜광명천왕　　자재
王과 淸淨莊嚴海天王과 最勝慧光明天王과 自在

지혜당천왕　　낙적정천왕　　보지안천왕　　낙선
智慧幢天王과 樂寂靜天王과 普智眼天王과 樂旋

혜 천 왕　　선 종 혜 광 명 천 왕　　무 구 적 정 광 천 왕
慧天王과 **善種慧光明天王**과 **無垢寂靜光天王**과

광 대 청 정 광 천 왕　　여 시 등　　이 위 상 수　　　기
廣大清淨光天王이라 **如是等**이 **而爲上首**하사 **其**

수 무 량　　막 불 개 이 적 정 지 법　　　이 위 궁 전
數無量하니 **莫不皆以寂靜之法**으로 **而爲宮殿**하야

안 주 기 중
安住其中하시니라

　다시 또 한량없는 광과廣果 천왕이 있었습니다. 그들
의 이름은 애락법광명당愛樂法光明幢 천왕과 청정장엄해清
淨莊嚴海 천왕과 최승혜광명最勝慧光明 천왕과 자재지혜당自
在智慧幢 천왕과 낙적정樂寂靜 천왕과 보지안普智眼 천왕과
낙선혜樂旋慧 천왕과 선종혜광명善種慧光明 천왕과 무구적
정광無垢寂靜光 천왕과 광대청정광廣大清淨光 천왕이었습니
다. 이와 같은 이들이 상수가 되어 그 수가 한량이 없었
습니다.

　모두 적정법寂靜法으로 궁전을 삼아서 그 속에 안주하
였습니다.

광과천廣果天은 색계色界 사선천四禪天의 셋째 하늘이다. 인간이 사는 하늘 가운데에서 가장 좋은 곳, 가장 고요한 곳이다. 좋은 곳이든 나쁜 곳이든, 좋다 나쁘다는 주관적인 편견일 뿐이다. 무엇에도 걸릴 것이 없는 사사무애事事無碍의 화엄의 안목에서는 오직 화엄회상에 동참한 동참자일 뿐이다.

5) 대자재 천왕

부유무수대자재천왕   소위묘염해천왕
復有無數大自在天王하니 **所謂妙焰海天王**과

자재명칭광천왕   청정공덕안천왕   가애락
自在名稱光天王과 **清淨功德眼天王**과 **可愛樂**

대혜천왕   부동광자재천왕   묘장엄안천왕
大慧天王과 **不動光自在天王**과 **妙莊嚴眼天王**과

선사유광명천왕   가애락대지천왕   보음장
善思惟光明天王과 **可愛樂大智天王**과 **普音莊**

엄당천왕   극정진명칭광천왕   여시등   이
嚴幢天王과 **極精進名稱光天王**이라 **如是等**이 **而**

위상수   불가칭수   개근관찰무상지법
爲上首하사 **不可稱數**라 **皆勤觀察無相之法**하야

소 행 평 등
所行平等하시니라

다시 또 수없는 대자재大自在 천왕이 있었습니다. 그
들의 이름은 묘염해妙焰海 천왕과 자재명칭광自在明稱光 천
왕과 청정공덕안淸淨功德眼 천왕과 가애락대혜可愛樂大慧 천
왕과 부동광자재不動光自在 천왕과 묘장엄안妙莊嚴眼 천왕과
선사유광명善思惟光明 천왕과 가애락대지可愛樂大智 천왕과
보음장엄당普音莊嚴幢 천왕과 극정진명칭광極精進名稱光 천왕
이었습니다. 이와 같은 이들이 상수가 되어 헤아릴 수
없었습니다.

모두 부지런히 형상이 없는 법을 관찰해서 행하는
바가 평등하였습니다.

대자재천大自在天은 마혜수라摩醯首羅인데 대천세계를 주재
하는 신이다. 눈은 셋, 팔은 여덟이며, 흰 소를 타고 흰 불자
拂子를 들고 있다. 원래 인도 브라만교에서 만물 창조의 신으
로 큰 위엄과 덕망을 지녔다. 또 일념 사이에 대천세계의 빗
방울의 숫자를 다 헤아려 안다고 한다.

화엄회상에서 법을 설하기도 하고 혹은 법을 듣기 위하여 구름처럼 모여온 대중들을 소개하는 내빈來賓 소개의 내용은 여기까지다. 구체적으로 소개된 이름은 보살 대중이 20명, 그 외의 대중이 390명으로 모두 410명이다. 이들은 모두 그 부족들의 상수가 되고 그들을 따르는 대중은 이루 헤아릴 수 없이 많다. 무량이며, 무수며, 불가칭 수며, 불가사의 수다. 유형 무형의 우주 삼라만상과 천지만물 모두가 화엄 대중들이다. 그러므로 우주 삼라만상은 곧 화엄경이며, 화엄경은 곧 우주 삼라만상이 되는 셈이다.

여기까지가 화엄경 80권 중 제1권이다. "부처님이 보리도량에서 비로소 정각을 이루고 나니 그 땅이 견고하여 다이아몬드로 이루어졌더라."라는 이야기로부터 땅의 장엄과 보리수의 장엄과 궁전의 장엄과 사자좌의 장엄을 소개하였다. 그리고 세존의 불가사의 덕을 간략하게 설명하였다.

다음으로는 위에서 장황하게 소개한 운집대중 410명의 명단을 열거하여 화엄경 제1권을 마친 것이다. 법을 듣는 대중들이 다른 경전에서는 1천2백 명이거나 많아야 1만8천 명 정도다. 청법 대중으로서 화엄경의 깊이와 높이와 그 규모를 가늠하면서 공부에 임해야 할 것이다.

〈제1권 끝〉

華嚴經 構成表

分次	周次	內容	品數	會次
舉果勸樂生信分 (信)	所信因果周	如來依正	世主妙嚴品 第一 如來現相品 第二 普賢三昧品 第三 世界成就品 第四 華藏世界品 第五 毘盧遮那品 第六	初會
修因契果生解分 (解)	差別因果周	差別因	十信	如來名號品 第七 四聖諦品 第八 光明覺品 第九 菩薩問明品 第十 淨行品 第十一 賢首品 第十二	二會
			十住	昇須彌山頂品 第十三 須彌頂上偈讚品 第十四 十住品 第十五 梵行品 第十六 初發心功德品 第十七 明法品 第十八	三會
			十行	昇夜摩天宮品 第十九 夜摩天宮偈讚品 第二十 十行品 第二十一 十無盡藏品 第二十二	四會
			十廻向	昇兜率天宮品 第二十三 兜率宮中偈讚品 第二十四 十廻向品 第二十五	五會
			十地	十地品 第二十六	六會
			等覺	十定品 第二十七 十通品 第二十八 十忍品 第二十九 阿僧祇品 第三十 如來壽量品 第三十一 菩薩住處品 第三十二	七會
		差別果	妙覺	佛不思議法品 第三十三 如來十身相海品 第三十四 如來隨好光明功德品 第三十五	
	平等因果周	平等因		普賢行品 第三十六	
		平等果		如來出現品 第三十七	
托法進修成行分 (行)	成行因果周	二千行門	離世間品 第三十八	八會
依人證入成德分 (證)	證入因果周	證果法門	入法界品 第三十九	九會

表格说明：「差別因」横跨十信、十住、十行、十廻向、十地、等覺各項

（資料：文殊經典研究會）

會場	放光別	會主	入定別	說法別舉
菩提場	遮那放齒光眉間光	普賢菩薩爲會主	入毘盧藏身三昧	如來依正法
普光明殿	世尊放兩足輪光	文殊菩薩爲會主	此會不入定‧信未入位故	十信法
忉利天宮	世尊放兩足指光	法慧菩薩爲會主	入無量方便三昧	十住法門
夜摩天宮	如來放兩足趺光	功德林菩薩爲會主	入菩薩善思惟三昧	十行法門
兜率天宮	如來放兩膝輪光	金剛幢菩薩爲會主	入菩薩智光三昧	十廻向法門
他化天宮	如來放眉間毫相光	金剛藏菩薩爲會主	入菩薩大智慧光明三昧	十地法門
再會普光明殿	如來放眉間口光	如來爲會主	入剎那際三昧	等妙覺法門
三會普光明殿	此會佛不放光‧表行依解法依解光故	普賢菩薩爲會主	入佛華莊嚴三昧	二千行門
祇陀園林	放眉間白毫光	如來善友爲會主	入獅子頻申三昧	果法門

如天 無比

1943년 영덕에서 출생하였다. 1958년 출가하여 덕흥사, 불국사, 범어사를 거쳐 1964년 해인사 강원을 졸업하고 동국역경연수원에서 수학하였다. 10여 년 선원생활을 하고 1976년 탄허스님에게 화엄경을 수학하고 전법, 이후 통도사 강주, 범어사 강주, 은해사 승가대학원장, 대한불교조계종 교육원장, 동국역경원장, 동화사 한문불전승가대학원장 등을 역임하였다. 2018년 5월에는 수행력과 지도력을 갖춘 승랍 40년 이상 되는 스님에게 품서되는 대종사 법계를 받았다.

현재 부산 문수선원 문수경전연구회에서 150여 명의 스님과 300여 명의 재가 신도들에게 화엄경을 강의하고 있다. 또한 다음 카페 '염화실 (http://cafe.daum.net/yumhwasil)을 통해 '모든 사람을 부처님으로 받들어 섬김으로써 이 땅에 평화와 행복을 가져오게 한다.'는 인불사상(人佛思想)을 펼치고 있다.

저서로 『대방광불화엄경 실마리』, 『무비스님의 왕복서 강설』, 『무비스님이 풀어 쓴 김시습의 법성게 선해』, 『법화경 법문』, 『신금강경 강의』, 『직지 강설』(전 2권), 『법화경 강의』(전 2권), 『신심명 강의』, 『임제록 강설』, 『대승찬 강설』, 『유마경 강설』, 『당신은 부처님』, 『사람이 부처님이다』, 『이것이 간화선이다』, 『무비 스님과 함께하는 불교공부』, 『무비 스님의 증도가 강의』, 『일곱 번의 작별인사』, 무비 스님이 가려 뽑은 명구 100선 시리즈(전 4권) 등이 있고 편 찬하고 번역한 책으로 『화엄경(한글)』(전 10권), 『화엄경(한문)』(전 4권), 『금강경 오가해』 등이 있다.

대방광불화엄경 강설 제1권

| 초판 1쇄 발행_ 2014년 4월 7일
| 초판 7쇄 발행_ 2020년 7월 11일

| 지은이_ 여천 무비(如天 無比)
| 펴낸이_ 오세룡
| 편집_ 박성화 손미숙 김영미 김정은
| 기획_ 최은영 곽은영
| 디자인_ 고혜정 김효선 장혜정
| 홍보 마케팅_ 이주하
| 펴낸곳_ 담앤북스
　　　　서울특별시 종로구 새문안로3길 23 경희궁의 아침 4단지 805호
　　　　대표전화 02)765-1251 전송 02)764-1251 전자우편 damnbooks@hanmail.net
　　　　출판등록 제300-2011-115호
| ISBN 978-89-98946-16-6 04220

정가 14,000원